过好这一生
古人如何

铲史官 著

铲史官漫画

湖南文艺出版社
HUNAN LITERATURE AND ART PUBLISHING HOUSE

博集天卷
CS-BOOKY

图书在版编目（CIP）数据

古人如何过好这一生 / 铲史官著 . -- 长沙：湖南
文艺出版社，2024.4
ISBN 978-7-5726-1649-5

Ⅰ.①古… Ⅱ.①铲… Ⅲ.①中国历史－古代史－通
俗读物 Ⅳ.① K220.9

中国国家版本馆 CIP 数据核字（2024）第 043042 号

上架建议：畅销·通俗历史

GUREN RUHE GUOHAO ZHE YISHENG
古人如何过好这一生

著　　者：铲史官
出 版 人：陈新文
责任编辑：匡杨乐
监　　制：秦　青
特约策划：邓玲玲
书籍插画：朱　彦　锄头　肖　儿
脚本创作：周绍纲　令狐小跑　山　鸦　陈事美
策划编辑：陈　皮
文案编辑：李宗媛
营销编辑：柯慧萍
封面设计：利　锐
版式设计：李　洁
内文排版：谢　彬
出　　版：湖南文艺出版社
　　　　　（长沙市雨花区东二环一段 508 号　邮编：410014）
网　　址：www.hnwy.net
印　　刷：三河市中晟雅豪印务有限公司
经　　销：新华书店
开　　本：875 mm×1230 mm　1/32
字　　数：296 千字
印　　张：12.125
版　　次：2024 年 4 月第 1 版
印　　次：2024 年 4 月第 1 次印刷
书　　号：ISBN 978-7-5726-1649-5
定　　价：59.80 元

若有质量问题，请致电质量监督电话：010-59096394
团购电话：010-59320018

目录

黑夫与惊

家书抵万金：两千多年前
秦国士兵的征战生活

秦王政二十三年（前224），为了消灭实力雄厚的楚国，秦王嬴政亲自去请老将王翦出马，下令把所有能动员的军马都交给他。

在王翦、蒙武的带领下，六十万秦军浩浩荡荡南征，花了两年时间，灭了楚国。

关于秦灭楚之战，《史记·六国年表》载——

后世的我们回顾这场两千多年前的战争，触摸到的是那个时代少数几个上位者——

楚将 项燕

秦将 王翦

秦将 蒙武

楚王 负刍

秦王 嬴政

可是，当时征战的兵士是怎样的人？有着怎样的喜怒哀乐？

千百年来，人们一直无法对此获得直观的认识，只能从那个时代的诗歌中寻找出一些雪泥鸿爪。

岂曰无衣？
与子同袍。
王于兴师，
修我戈矛。

秦军士兵

直到1975年底至1976年初，考古人员在湖北云梦睡虎地发掘了12座秦墓，其中4号墓出土了两件木牍——两封秦军士兵家书。

这两封家书，是秦军士兵黑夫与惊兄弟二人由驻地淮阳（今河南周口市淮阳区）寄给在家乡安陆（今湖北孝感市云梦县）的兄长衷的信，距今已有2200多年了。

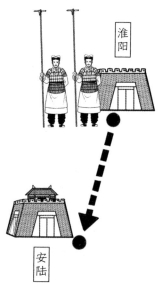

淮阳

安陆

从两封家书的字里行间，我们可以一窥被岁月长河所掩埋的普通人的点滴和那个时代的风物。

第一封是黑夫和惊兄弟俩一起写给哥哥衷的。

当时，黑夫和惊所在的秦军部队，准备攻打淮阳城（陈、楚旧都）。两兄弟央求军中的书吏，代写一封家书并邮递给远方的家人。

写封信多少钱？

百字十钱。

太贵了吧？

你嫌贵？我还嫌贵呢！

那信保送吗？

惊

黑夫

书吏

信中的"衷"即睡虎地四号墓的主人。

竖排内容为信的译文，下文同。

二月辛巳，黑夫和惊再次写信给大哥衷问安，妈妈还好吧？黑夫、惊都还好。

秦汉家庭是家长制，家庭成员分为两个层次，一是家长，一是家属。

父母俱在，父为家长；祖父在，祖父当然为家长；祖、父不在，祖母与母应同为家长。

家长顺位图

祖父 ①
↓
祖母 ②
↓
父 ③
↓
母 ④
↓
长子 ⑤

在该信中，没有提到黑夫与惊的父亲是否健在，其若健在，信中的那种问候的话语明显不"合礼"，所以，他们的父亲应该是去世了。

独自拉扯大几个孩子，苦只有自己知道。

黑夫和惊的母亲

春秋战国时期，我国古代的家庭发生了变化，小家庭开始从宗族共同体中游离出来，成为独立的经济单位和社会单位。

秦国进行商鞅变法，实行"制土分民"，明确颁布"民有二男以上"必须分开居住，另立户籍的法令，否则加倍征税。

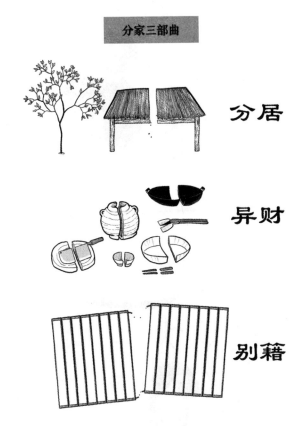

分家三部曲

分居

异财

别籍

但从书信的前后内容来看，黑夫、惊极有可能与兄长衷的家人共居一起，这是一个"大家庭"。

或许，在残酷而漫长的战争年代，原本严苛的《秦律》在具体执行中存在变通的情况，毕竟男丁出征后，小家庭人力单薄，一起过日子更有利于保障生产和后勤供给。

母亲、大姐孝、大哥衷、二姐季：谢谢大哥照顾家里，听我说，谢谢你，因为有你……
——弟黑夫、弟惊

温暖了四季？

大哥 衷

从这段话可以看出，秦国的士兵要自己准备衣服哟。

前几天黑夫与惊在队伍里分开，今天得以再次见面。黑夫委托益代写信：请给黑夫寄些钱，母亲顺便给做了夏天的衣服寄来。

但是，从兵马俑坑已出土的军人俑的着装来看，不同兵种都有各自的统一的铠甲、军服、鞋履等，其裁剪式样、缝制工艺相当标准，很难想象是由成千上万的士兵家属自行制作的。

所以，秦国当时应是国家统一发放军服，但士兵袍内的中衣、内衣或许是出征前自备的。

如果是这样的话，黑夫与惊的家里可能并不十分富裕，出征时连夏天的中衣、内衣都无法备齐。

"禅裙襦"就是单层齐膝的长襦。

因秦俑将士身上无裙子，所以此处"裙"是襦的长度修饰限制词。

这信寄到后，要是安陆丝布不贵的话，母亲一定要给我做禅裙襦，和钱一起寄过来。要是家乡丝布贵，那就只把钱寄来就行了，黑夫就在这里买布做衣服。

裙襦是天气暖和时穿的，在豫东地区可以从仲春穿到孟秋。而且这远远不是夏衣的全部。

秦俑坑军人俑的衣服主要有襦、褶服、中衣、汗衣等；下裳有裤、行縢（绑腿布）、絮衣，另外还有护腿、鞋履等。

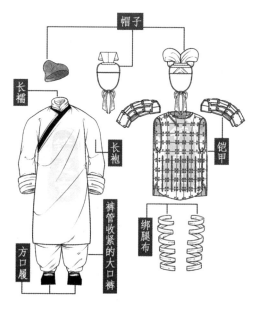

帽子

长襦

长袍

铠甲

绑腿布

方口履

裤管收紧的大口裤

因此，黑夫可能是冬天时穿着复襦离家到部队服役，冬去夏来，急需夏衣单襦，所以写信向母亲索取。

可能襦衣形制比较灵活，比较适合劳作和行军作战，从而成了当时老百姓的常服。

黑夫就要随大军去淮阳了，攻打反城（淮阳）要很久，不知道会不会受伤，希望母亲给黑夫钱不要太少。

昌平君是楚国公子，父亲是楚考烈王，母亲是秦昭襄王之女。

昌平君曾在秦国为官，协助秦王嬴政平定嫪毐的叛乱，当他母亲的国度——秦国攻打他父亲的国度——楚国时，处于两难之间的昌平君，选择了站在楚国这边。

拥戴昌平君的人，是楚国的大将——猛人项燕（楚霸王项羽的祖父）。项燕一年前把秦国的大将李信（西汉名将李广的祖先）打得丢盔弃甲，落荒而逃。

后世的我们看到秦国的战神王翦灭楚轻而易举，其实在当时秦国的士兵看来，这将会是一场恶战。

所以，黑夫担心自己攻打淮阳会受伤，便让他妈妈多寄点钱过来。

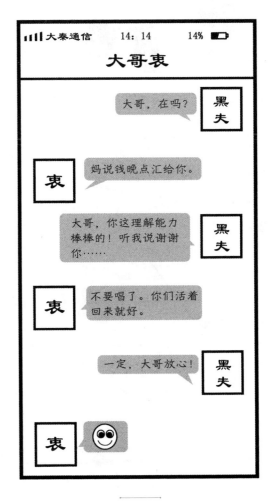

这一段是战国时秦国军功赏爵赐田制的实证。

收到信后请尽快给我们回信，一定要告诉我们官府给我们家授予爵位的文书送到没有，如果没送到也跟我说一声。……

秦国的军功爵制始于商鞅变法，规定"斩首一名有爵位的敌军，赏爵一级，赐田一顷"。

如此一来，在龙生龙、凤生凤的战国时代，秦国的平民也有了阶层跃升的可能了。秦国能够在战国群雄中脱颖而出，在很大程度上得益于军功爵制。

种田不如打仗！

秦国平民

黑夫要求哥哥衷收到信要回信，并一定要告诉一下他们兄弟俩给家里挣的爵位，大王赐赏没有。

这说明秦政府机构的工作是高效的：仗还没打完，奖赏就落实到士兵的家里了。

只要奖励给到位，干活不心累！

秦国 文书小吏

后方
前线
← →

衣服和钱务必送到南军……千万别搞错呀！替黑夫、惊问候姑姑。孝姐姐还住在以前的那个巷子吧？大姑夫妇安好吗？……还有季姐姐，他们都好吧？此外，问问婴记事情办完了没？帮黑夫、惊问候夕阳吕婴家、匽里阎诤家的老人……惊特别惦记他的新妇（妻子）和（女儿）一娺，一切都好吧？新妇要好好照顾父母，别跟老人制气。尽力吧。

这两段是拉家常。我们梳理一下人物关系。

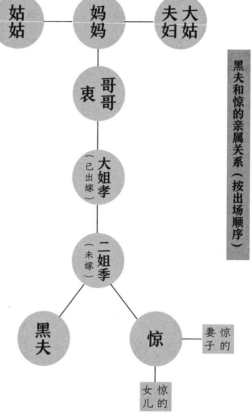

黑夫和惊的亲属关系（按出场顺序）

姑姑 —— 妈妈 —— 大姑夫妇

哥哥衷

大姐孝（已出嫁）

二姐季（未嫁）

黑夫　　惊

惊的妻子

惊的女儿

从黑夫与惊的家书里，我们能够触摸到充盈在字里行间的出征在外的士兵对家人的惦念与牵挂。

此外，我们还能够感受到黑夫是个做事十分周到且心细如发的人，比如，叮嘱母亲比较布的贵贱，从而选择寄钱还是做衣服。

如果再进一步，我们还可以想象到，黑夫和惊将要对阵的楚国士兵，也有着同样的悲与喜。

虽然史籍中没有留下楚国士兵的只言片语，但从诗人屈原的辞赋中，我们可以看到对楚国阵亡将士的纪念——

　　家书是在哥哥衷的墓里发现的，作为陪葬品葬入墓里，想来衷是非常珍视这两封家书的，这是哥哥想念两个弟弟的寄托情感之物。

　　或许，衷至死都没有等来两个弟弟荣归故里。

　　这可能就是黑夫和惊的结局。

现在我们来还原一下黑夫与惊的情况：他们的父亲已经去世，家境贫寒，他们出发作战时着冬装，面对强敌楚国心中较为担忧，一心想通过军功取得爵位，又牵挂着家中的亲人。在秦灭楚之战后，这两个兄弟或许没能再回到故乡，家书成为兄弟俩的绝笔。

昔我往矣，杨柳依依。
今我来思，雨雪霏霏。

史书上"秦灭楚"三字寥寥几笔，笔画的窄窄的缝隙中，黯然藏着普通人的牵挂与眷恋。
沉寂两千多年后，那些牵挂与眷恋，在无意中抖落了岁月的尘埃，游弋到我们的面前。

今人不见古时月，今月曾经照古人。

编后语

1975年底至1978年春，考古人员在湖北云梦睡虎地发掘了十二座秦墓，其中四号墓出土了两件木牍——两封秦军士兵家书。漫画中的是十一号木牍，是黑夫和惊两兄弟写给哥哥的信。另外一封信，六号木牍，是惊写给哥哥衷的。

六号木牍全文如下：

惊敢大心问衷，母得毋恙也？家室外内同……以衷，母力毋恙也？与从军，与黑夫居，皆毋恙也。……钱衣，愿母幸遗钱五六百，絬布谨善者毋下二丈五尺。……用垣柏钱矣，室弗遗，即死矣。急！急！急！惊多问新负（妇）、姏皆得毋恙也？新负（妇）勉力视瞻两老…… 正面

惊远家故，衷教诏姏，令母敢远就若取新（薪），衷令……闻新地城多空不实者，且令故民有为不如令者实，……为惊祠祀，若大发（废）毁，以惊居反城中故。惊敢大心问姑秭（姊），姑秭（姊）子产得毋恙？新地入盗，衷唯毋方行新地，急！急！急！ 背面

大意如下：

惊衷心问候大哥，母亲还好吧？家里家外的一切全靠大哥了。

母亲还跟以前一样硬朗吧？出外征战之后，我跟黑夫住在一起，我俩都安然无恙。……钱和衣服的事，希望母亲能寄个五六百钱来；綈布要仔细挑选品质好的，至少要二丈五尺。……我们借了垣柏的钱，而且都用光了，家里要是再不寄钱来，就要出人命了。急！急！急！我非常惦记老婆和女儿娿，她们都还好吧？老婆你要尽力照顾好老人。 正面

我出门在外，娿就拜托大哥你来教育管束了，如果要打柴，一定不要让她去太远的地方，大哥你一定要替我把她看好了……听说我们秦国新攻占的城中的百姓大都逃走啦，而且让这些原住民干什么他们都不听……帮我去看看宗祠，如被毁坏，可能是我曾被围于反城中的缘故。衷心问候姑姑，她和新生的孩子都好吧？新地城中有盗贼蜂拥而至，大哥一定不要去那里，急！急！急！ 背面

惊写给大哥衷的这封信，也隐藏了很多时代的风物，解读就交给各位读者了。

郭解

睚眦必报，快意恩仇：
西汉游侠的黑白人生

游侠郭解，西汉人，家住河内轵县（今属河南济源市）。虽然不是出身于富贵人家，父亲还因为犯法被处死，但郭解也是有家族背景的，因为他的外祖母是西汉有名的女相士许负。

我左眼看过去，右眼看未来，想要看运势，请充大会员。

天机不可泄，每泄一次一千文钱。

西汉女相士 许负

郭解个子不高，胆子却大，但凡有点不高兴就动刀子。没钱了就去聚众抢劫，闲下来了就造假币或者盗墓，是个绝对的黑社会人士。

但可能是托了外祖母的福，郭解从小就运气极佳，因为犯罪而被追捕，他总能成功逃脱，就像受到了赦免。

在下外号"法外狂徒张三"，请多指教！

西汉游侠 郭解

但是随着年岁渐长，郭解的想法变了。

第一件事，跟郭解外甥被杀案有关。

当时，郭解的外甥被刺死，而郭解并没有第一时间查到凶手，这令郭解的姐姐十分愤怒，于是她没有收殓尸体，反倒将尸体丢在路旁，以此来打郭解的脸。

郭解虽然明面上没有表态，私底下却派了人探查凶手的下落。谁知刚查出凶手地址，凶手就主动来找郭解了！

原来，一切都源于万恶的"酒桌文化"，郭解的外甥仗着郭解的势力，逼人干杯，甚至强行灌酒，因此惹怒了对方。

听完了整个过程，郭解刻在DNA（脱氧核糖核酸）里的记忆被唤醒。

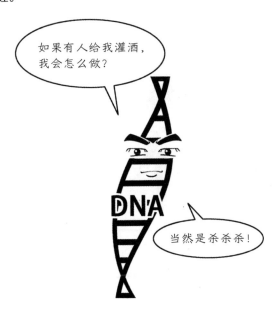

于是郭解放走了凶手，收殓了外甥的尸体，连亲外甥被人杀了都能原谅，郭解的仁义之名立刻传遍乡里。

第二件事，我们可以称之为"箕踞哥"事件。

由于郭解放走了杀外甥的凶手，他赢得了讲道义的美名，跟随他的人也越来越多，他走到哪里，人们都会恭敬避让。

然而有一位"箕踞哥"却不把他放在眼里。

郭解不仅不计较，还和地方官员打了招呼，于是每当轮到这位箕踞哥践更*的时候，都不需要箕踞哥上班打卡。

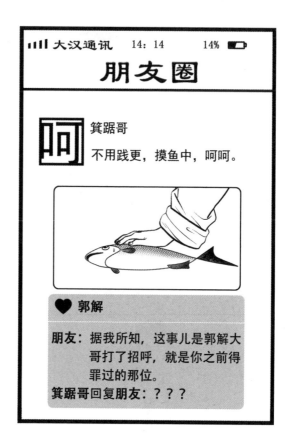

*汉代法律规定，在籍的男丁每年要服役一个月，叫"卒更"。如果不想服役，可以花钱雇穷人替自己服役，每个月价格二千钱。穷人拿钱替人服役，被称为"践更"。

得知真相后，箕踞哥被深深震撼了。在山一般高、海一般深的大爱面前，他还能做什么？只能使出古人的谢罪绝技——

而第三件事，则让郭解红遍了十里八乡。郭解以德报怨的事迹已经出名了，于是也有人请他去外地帮忙解决难题。

当时在洛阳有一对仇家，积怨甚深，为了维护地方和平，很多乡贤豪杰都前去调解，前前后后去了十几个，最终结果都是同一个。

然而郭解一出面，两家人居然马上就和解了。

然而，郭解却不答应了。

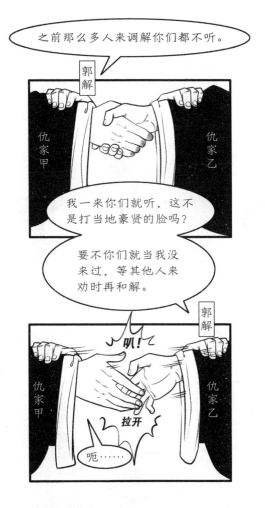

　　嘱咐完，郭解就连夜回了轵县，挥一挥衣袖，不带走一点功劳。

　　而两家人也在当地豪贤面前，又演了一遍和解大戏。

这三件事，以及平时的善举，令郭解顺利转型，赢得了仁义、贤明、通情理的美名。

他成了少年们的偶像，当地的豪杰大佬。有时他甚至不需要开口，就会有人自觉替他杀人。

看上去，郭解将会在自己的地盘荣耀地过完一生。然而有个人对此十分不爽，这个人叫刘彻。

这些地方豪强兼并土地，纵横乡里，早已对中央集权和当时的土地政策造成了威胁。

为了巩固中央集权，汉武帝颁布了两道命令——

"推恩令"的宗旨，是要地方诸侯将自己的地盘分封给子孙，这样诸侯国就会越分越小，势力逐步瓦解。

诸侯国

↓ 嫡长子继承王位，其余诸子封侯

推恩令示意图

↓ 嫡长子继承王位，其余诸子封侯

而"迁茂陵令"则更加彻底，这一命令要求将所有符合标准的地方富户统一搬迁至汉武帝的陵墓所在地——茂陵生活。

折价卖给国家呀！

这道指令的下达，无疑是对地方势力的全面扫荡。

这些富户搬迁至茂陵，原有田地由政府收购，令土地政令更易推行；地方势力被连根拔起，也巩固了中央集权；再加上茂陵离国都长安很近，方便监视管理，可谓一举三得。

茂陵就这么变成了富人的聚居地。

我家有钱又有田！

我是茂陵人。

高情商

低情商

郭解家并不富裕，迁往茂陵的名单中本不该有他。然而命运没有再次眷顾他，还跟他开了个玩笑。

当时，负责拟定迁移名单的官吏姓杨，是当地的县掾（掾，古代官署属员）。

杨县掾是个聪明人，吃透了"迁茂陵令"的核心精神，所以他没有拘泥于三百万的标准，将郭解写入名单。

虽说迁移补偿款很可观，但谁愿意离开自己的地盘？很多地方豪强都想方设法逃脱搬迁。

而郭解的方法，无疑是最有面子的那种。他居然设法令皇后的弟弟、大将军卫青替他说情。

于是事情就这么定了。郭解不得不背井离乡，踏上前往茂陵的路途。

他的仰慕者聚集在一起为他送行，单是送给他的钱，就超过了千万。

郭解侄子因此怀恨在心，伺机砍掉了杨县掾的头，杨家和郭家从此结仇，势成水火。而杨县掾是当地人杨季主的儿子，据说杨季主要找郭解"讨说法"，被郭解的追随者"以德服人"送去西天。杨季主的家人上书，又被杀死。

汉武帝得知消息后，便下令缉拿郭解。

郭解从此开始了逃亡生活，但即便如此，他也选择做个诚实的逃犯。

郭解的坦诚打动了很多人，特别是一位叫籍少公的人。

后来，官兵顺着踪迹追到了籍少公家。为了保护郭解，籍少公竟不惜自杀。

线索中断后，官府追缉了很久，才将郭解捉捕归案。在对郭解进行彻底审讯后，官员们震惊了。

但出人意料的是，对于前科累累的郭解，主审官居然打算判他无罪。

由于郭解在法律的底线上来回践踏，官员们也不想轻易放人，他们翻遍了卷宗，终于找到大赦之后和郭解有关的新案子。

这个案子发生在郭解老家轵县，当时一个儒生接待了一位客人，这个客人是郭解的门客。在席上谈论时，二人因郭解发生争执，最后门客怒杀儒生。

客人将儒生杀死后，还割下了他的舌头，可谓残忍至极。

但郭解确实对此毫不知情，杀人凶手还跑了，根本无法查到任何能治郭解罪的证据。

主审官实在没办法，只好奏报郭解无罪。

一时间，懂法的和不懂法的都沉默了。然而，负责监察的御史大夫公孙弘提出了新的思路。

虽然他这次没动手，但人们一直为了他而动辄杀人，这比他亲手杀人的罪孽更深！

御史大夫 公孙弘

我认为应该按大逆无道罪论处！

大逆不道不敬罪，是西汉重罪，即使大赦天下，此罪也很难赦免。

虽然古之游侠快意恩仇，但现在是法治社会，大家有什么纠纷一定要通过法律途径解决哟。

就这样，郭解被判处族刑（一人犯罪诛灭全家族）。

他曾经睚眦必报，私下仇杀，以武犯禁，也曾经谦让守礼，以德报怨，侠义为怀。

然而无论他这个人是善是恶，在他身死族灭的悲剧之后，是西汉巩固中央集权的滚滚车轮。

小爱，说得好！

郭解的故事载于《史记·游侠列传》中，在很长一段时间里，郭解都被认为是古代游侠的代表人物。

如今，受梁羽生、金庸、古龙等撰写的新派武侠小说的影响，人们对侠客的印象往往和正义、善良挂钩，如"大丈夫有所不为，有所必为"（古龙），或"为国为民，侠之大者"（金庸），而郭解显然不符合这种形象。

司马迁在《史记》中说，游侠"其行虽不轨于正义，然其言必信，其行必果，已诺必诚，不爱其躯，赴士之厄困，既已存亡死生矣，而不矜其能，羞伐其德，盖亦有足多者焉"。这其实并非单纯赞美游侠，而是以一种客观立体的角度看待他们，一方面，承认侠客的所作所为不符合当时的法则秩序，另一方面也认可了侠客豪杰们守信、重义、慷慨、谦逊等美德。

从统治者角度来看，郭解盗墓、制作假币、杀人复仇，且形成了规模不小的豪强势力，他的行为毫无疑问干扰了规则秩序。然而这么一名前科累累的"罪犯"，在乡里人看来，却是一位贤明侠义的大好人，人们崇拜他，追随他，甚至出现了排队请郭解来家里住的情况（夜半过门常十余车，请得解客舍养之），可见其人气之高。

这对矛盾背后的原因有二：

其一，是中国乡土社会结构所致。费孝通在《乡土中国》中说，中国乡土社会的基层结构是"一根根私人联系所构成的网络"，"以'己'为中心，像石子一般投入水中，和别人所联系成的社会关系……像水的波纹一般，一圈圈推出去，愈推愈远，也愈推愈薄。"

对乡里人而言，涟漪最外层，也就是笼罩在所有人头上的"公"，离自己非常遥远，而乡里公认的道德和秩序则离自己更近，对自己影响更大，也就更有遵守的必要。因此，虽然郭解违反了国家法律，但他非常注重经营人际关系，至少在掌握乡里话语权的人看来，郭解是个"上道又懂分寸的人"，而非恶劣的罪犯。

其二，是乡里规则所致。在汉代，相比于法律来说，乡土社会更重视传统与礼治，而郭解长大后，"更折节为俭，以德报怨，厚施而薄望"，这在当时的人看来，是非常可贵的美德，符合礼的要求，因此，郭解也成了当时的榜样人物，是少年们的偶像。

所以，郭解事件就如一座冰山，水面上可以看到的，是郭解与他的追随者在杀人报仇，肆意犯禁，而在水面之下，是更可怕的事情——地方上存在着一套自有规则，当这套规则与法律相悖时，乡里人往往会优先遵守地方的那一套。

这也就是为什么，在郭解遇到困难时，有那么多人支持他、保护他，甚至不惜杀人或者付出自己的生命。

不过，《史记》中的两个细节也值得深思，一个是提到郭解出入的时候，"人皆避之"，这个行为背后很可能不仅有尊敬的意思，还带着一定的恐惧；而最后给郭解定罪的杀人案中，被害者也曾说过"郭解专以奸犯公法，何谓贤！"。这都反映了当时并不是所有乡里人都认可郭解的行为。对于这位乡里偶像，人们心中更多的也许是害怕，而非喜爱与亲近。

至于到底有多少人像那名被割掉舌头的书生一样厌恶他，底层百姓对他的恐惧更多，还是敬爱更多，便无从查证了，毕竟，即使在乡里，也并非人人都有发言权。

杜环

他为大唐而战，
却被命运流放到非洲

跨国旅行对现代人来讲，只是花点钱的事。但在古代，远渡重洋后能活着回来的，都永垂不朽了。比如郑和下西洋，最远到达非洲东岸就在历史上留下了一笔。

其实，在郑和出发之前约七百年，就有中国人远赴非洲了。这位不太出名的旅者叫杜环，出身于京兆杜氏。正是这趟旅行，让他与那些大佬族亲一样名垂青史。

大唐开国名相 杜如晦

大唐诗圣 杜甫

大唐名相 杜佑

非著名旅行家 杜环

不过，在这趟为期十一年的旅行中，杜环一开始就被回家的念头折磨着，因为他是被人抓过去的。大唐天宝十载（751），怛罗斯之战中，他不幸被大食人俘虏。

怛罗斯，是西域小邦石国（在今乌兹别克斯坦首都塔什干一带）的一座城池，即今天哈萨克斯坦的塔拉兹市，与长安的直线距离有三千三百多公里。大食，则是当时的阿拉伯帝国。

今天的二十多个阿拉伯国家，都远在非洲和西亚。但当年的大食是一个辽阔统一的帝国，与大唐只隔了几个西域国家。初唐时，大食东进，西域诸国害怕，抱住大唐的大腿。大唐也乐于收下这群小弟。

几十年来，大唐多是"嘴炮"支援，而大食的进攻却真刀真枪，不少小弟撑不住"跪"了。唐玄宗正发愁时，机会来了，大食出现了内乱！黑衣大食正忙着推翻白衣大食，而位于唐附近的小邦石国，也政局不稳。

要不趁机干他一仗？

唐玄宗 李隆基

天宝十年，唐玄宗遣安西军西征石国。杜环就在这支队伍里，作为"官n代"，杜家在军界颇有人脉：叔祖父杜希望，曾任陇右节度使，是很多西北宿将的老上级。

安西军将领高仙芝，曾远征小勃律（在今克什米尔吉尔吉特）、奇袭羯师（在今巴基斯坦北部），一年前又活捉了石国国王，此次西征，理应轻车熟路。对杜环而言，跟着常胜将军"混人头"，应该是万无一失的。

高仙芝率领队伍长途奔袭，深入敌境七百余里，最后在怛罗斯与大食军队遭遇。双方激战五天，最终唐军战败。

《资治通鉴》记载，唐军的盟军葛逻禄人阵前倒戈，导致唐军战败。但此说不见于《旧唐书》《新唐书》，且战后不久，葛逻禄就向大唐朝贡，因此这一说法存在争议。

据《旧唐书》记载，此战唐军只有几千人幸存，大批唐军被大食军俘虏，被迫踏上西行之路。据《经行记》可知，杜环也在其中，此时，他大概是一名价值六百第纳尔（阿拉伯帝国第一种用文字做钱文的硬币）的奴隶。

在大食东方军团的押解下，战俘们从石国前往宁远国（今乌兹别克斯坦的费尔干纳地区）。在怛罗斯之役中，宁远国人曾与唐军并肩作战，这自然招致了大食的报复。

　　作为昔日的大唐将士，杜环此时能做的，却只有动动笔，述说唐人在这里曾经的欢歌与荣耀。

离开宁远，战俘们穿过今天的乌兹别克斯坦，渡过阿姆河，辗转前往大食东方（呼罗珊）总督驻地木鹿（今土库曼斯坦马雷市），并滞留于此。这与百年前玄奘西行的路线有所重合。

只是玄奘弘法西域的愿望，此时已成泡影。大食人早已焚毁了康国（在今乌兹别克斯坦撒马尔罕一带）的佛寺。

杜环行经时，康国的祆祠和木鹿的佛寺尚存，但大唐的战败，已经为祆教和佛教在西域诸国的消亡埋下伏笔。

焚毁佛寺？大食人对异教只是一味镇压？

大食帝国允许异教徒保持原有信仰，但异教徒必须缴宗教税，权利、地位、待遇也受限制。在这种情况下，异教徒难免逐渐改宗伊斯兰教。

从被俘到抵达木鹿，杜环耗费了四至六年的时间。在这些年里，战俘们各自流散。其中一部分被扣留在康国，因为大食将领看中了这群人掌握的高科技——造纸术！

唐代的工匠地位低下，而杜环出身于官宦世家，不太可能精通手工业技术。从后来的行程推测，他应当在木鹿被编入了大食的东方军团，在文字语言不通的异国，这恐怕是保证他活着回家仅有的选择。

这四至六年里，还发生了几件大事：一是天宝十一年（752），大食与大唐恢复了中断四年的通使，却没人在乎这群流落外邦的大唐将士。

大唐新闻

今日辰时，皇帝陛下在大明宫含元殿亲切接见了大食使团。会谈期间，双方就西域势力划分问题充分交换了意见。

按下暂停键四年后，西域刚刚宣布了一个决定

午时三刻　小人物系列一经发布，网友纷纷泪目……

当初为何要打仗？如今谁带我回家？

二是天宝十四年（755），安史之乱爆发。这意味着，大唐从此再也无力顾及西域。大食却于至德二年（757）派出四千兵马驰援唐廷。当这支军队经木鹿东行时，不知杜环会做何感想。

三是同一年（755），指挥怛罗斯战役的呼罗珊总督，因功高盖主被哈里发（君主）处决了，其领导的军队也逐步被哈里发掌握，调入帝国中心伊拉克。总督死后不久，高仙芝也命丧安史之乱中。

哈里发，是阿拉伯世界的最高统治者的称号。而那位呼罗珊总督阿布·穆斯林，在阿拉伯历史上，是韩信一般的存在，功高震主。无独有偶，他也落得个鸟尽弓藏、兔死狗烹的下场。

大食的军队抵达伊拉克后，参与了新首都建设。此时，杜环在大食漂泊七八年了，已经能将阿拉伯语祷词翻译成押韵的汉语，但他仍会流露出对当地风俗的不解。波斯祆教徒，以近亲结婚为常，在杜环眼里，则是"蒸报（乱伦）"；阿拉伯人斋月夜里吃肉，也让他感到惊诧。

身为开放的唐人，杜环倒也没有一味批判异国风俗。大食人的优秀一面，也被他记录了下来，譬如"衣裳鲜洁，容止闲丽"的大食姑娘，"法唯从宽，葬唯从简"的大食习俗。

　　在一群东罗马人身上，杜环则看到了自己的影子：他们也是战俘。这群同样有家不能回的人，"守死不改乡风"，坚守着原有的生活习惯、宗教信仰。

杜环在伊拉克最难忘的经历，莫过于在新首都的建设中，与四名唐人的相逢。在他有限的记录里，赫然保存了这四人的籍贯、姓名和职业。

这些工匠，最后是否重返故里，我们不得而知。但他们亲手建设的这座伟大城市，则在人类历史上留下了一笔。至今，这座都会仍蠹立在伊拉克原野上。唐人称之为"缚达城"，今天我们叫它"巴格达"。

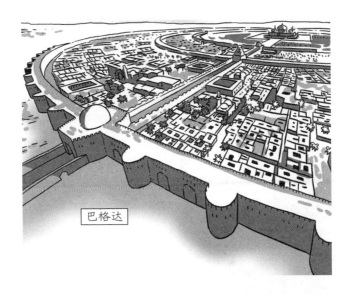

巴格达

758年，大食的战争机器又轰鸣起来。哈里发对盘踞北非的前朝余孽和异端教派发起进攻。杜环和其他三万呼罗珊军队士兵，离开尚未建设完成的巴格达，前往叙利亚，渡过地中海，抵达北非。

战火在利比亚和突尼斯一带的黄沙大漠间燃烧了四年。与杜环并肩作战的,有阿拉伯人和黑人,或许也有当年一同被俘的大唐战友。

761年的8月,大食收复摩邻国首府凯鲁万。在这个离家最远的地方,曾想为大唐建功立业的杜环,大概真的凭借军功,获得了自由身。

唐宝应元年（762），杜环在红海或波斯湾沿岸，搭上了一艘前往大唐的商船，在印度洋上漂泊了三个月，商船终于来到了广州港。时隔十一年，杜环终于又踏上了故国的土地。

广州港

岭南好风景，落花时节又逢君。只是此时的大唐已经物是人非。杜环出征时，大唐还处于开元盛世期间，回来时已经处于安史之乱的末期。

这十一年的经历，被杜环编辑成《经行记》一书。其中的一千五百多字，被小他几岁的族叔杜佑收录到《通典》中，幸存至今。该书更多的内容，则如同千万流落异域的唐军战俘一样，消失在时光里。

只有那群留在撒马尔罕的中国战俘，被阿拉伯史家记录了下来。他们将造纸术传播到中亚，继而扩散到西亚、北非和欧洲，掀起了一场书写材料的革命，改变了人类的历史。

让杜环名载史册的怛罗斯之战，是互联网上的热门话题。不同于被大唐轻松按在地上"摩擦"的古印度，地跨欧亚非的大食——阿拉伯帝国，是中国战争史上少有的强悍对手。

阿拉伯人，本是不起眼的角色。他们出身于散居阿拉伯半岛大漠的游牧部族，生活在罗马、波斯等大帝国的阴影下，如沙尘般卑微。但公元7世纪上半叶，在新兴宗教的感召下，这些沙尘竟汇聚起遮天蔽日的风暴，席卷了从西班牙到印度西部的广阔天地，史称"大征服"。

在"大征服"的风暴中，波斯帝国轰然倒塌，中亚从此暴露在阿拉伯人的刀锋前；而与此同时，天下初定的大唐，为应对来自北方草原的威胁，也在向西域拓展势力。到高宗年间，双方在中亚的碰撞，已不可避免。永徽二年（651），大食首次遣使赴唐；大概同一时期，唐朝开始支持波斯复国运动。唐、食双方初接触，即拉开对抗的序幕。

这场对抗拉锯百年，并不轻松：唐军将士赢得过逾越葱岭、耀兵异域的荣耀，也品尝过折戟黄沙的苦痛。天宝十年的怛罗斯之战，为这场对峙画上了一个并不美好的休止符：此战之后四年，安史之乱爆发，大唐再也无力争雄西域，将士百年浴血牺牲的成果，化为乌有。而杜环，正是这群牺牲者中的一分子。

相比埋骨沙场、无闻于史册的无数士卒，杜环无疑是幸运的。这要感谢他给力的堂叔、大唐名相杜佑。在《通典》中，杜佑这样记载：

> 族子环随镇西节度使高仙芝西征，天宝十载至西海，宝应初，因贾商船舶自广州而回，著《经行记》。（杜佑《通典·边防七》）

《通典》中不多的记载，以及杜氏家族的史料，足以为我们勾勒出杜环的半生。他的家族——京兆杜氏，是汉代以来著名的门阀世族，有"城南韦杜，去天尺五"之说，西晋灭吴名将杜预、唐初名相杜如晦，大诗人杜甫、杜牧，都出自这个家族。杜佑的父亲、杜环的叔祖父杜希望，曾任陇右节度使，后来的名将王忠嗣、哥舒翰等，都曾是杜希望的下级。杜希望"行义每挥金"，为杜氏家族积累官场人脉，以此推之，西北军界中大概率存在他的人际网络，这也有可能是杜环从军赴西域的缘由。

怛罗斯之战爆发时，杜佑年仅十七岁。按唐制，二十一岁才可参军，由此推断，杜环应该比他的叔叔大一些。关于杜环西行路程的细节，学者们仍存在争议，分歧主要集中在他离开巴格达后的路线，以及他最远抵达了非洲何地，目前存在马里、埃塞俄比亚等多种说法。本文参考学者宋岘《杜环游历大食国之路线考》一文，采纳杜环抵达突尼斯附近一说。

《经行记》仅有关于西方各国风土人情的千余字被辑录在杜佑的《通典》中，其他内容已湮灭无闻，岑仲勉先生认为此乃"天壤间一恨事"。所幸，即便在这千余字中，我们也能感受到近一千三百年前的一位士兵孤身赴异域的孤独感。在大食的一座都会（宋岘先生考证为建设中的巴格达），杜环遇到四位同胞，并记录了他们的姓名：

绫绢机杼，金银匠、画匠、汉匠起作画者，京兆人樊淑、刘泚；织络者，河东人乐（隈）、吕礼。（杜佑《通典·边防九》引杜环《经行记》）

那个通信不便的年代，在遥远的巴格达，听到熟悉的语言时，不知杜环内心会涌动起怎样的涟漪。

阿拉伯史料则永远记住了另一群中国工人：造纸匠。在怛罗斯被俘的唐军士兵于康国建造了阿拉伯人记载中的首家造纸厂。凭借轻便、廉价、耐用、可防篡改的特性，中国纸将西方的羊皮纸和莎草纸送进了博物馆，掀起了一场悄无声息的革命：读写不再是贵族阶层的专利。当中国纸第一次出现在欧洲时，在羊皮纸上抄《圣经》的时代，已注定走向终结；而书写载体向大众的推广，注定将加快历史车轮旋转的速度。

帝国争雄的霸业，或许总会褪色；而文明与技术的力量，以及其承载的情感，则更加持久。

徐元庆

杀父之仇，不共戴天：

古人如何处理血亲复仇？

唐代武则天当天后时，某一天，在关内道同州下邽县（今属陕西省渭南市）的驿站，发生了一桩凶杀案。

死者名叫赵师韫，是位御史老爷。赵御史出差时在一家驿站歇脚，被驿站里的一个临时工刺杀了。

犯罪嫌疑人叫徐元庆，他在刺杀御史之后没有逃跑，而是主动投案自首了。

这桩案子很快引起了大唐吃瓜群众的关注，一个驿站临时工为何要刺杀朝廷钦差？原来，赵御史当年做过下邽县的县尉，在任上杀过一个叫徐爽的人。

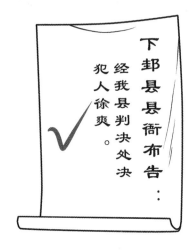

下邽县县衙布告：

经我县判决处决犯人徐爽。

徐爽有个儿子名叫徐元庆，处心积虑要报父仇，便改名换姓，混进了驿站当临时工。

等待时机，为父复仇。这一等，就是很多年，等到赵师韫都升到御史了。

春去秋来又一冬，还是没有等到赵师韫。

驿站

徐元庆

下邽是西都长安与东都洛阳之间的必经之地，来往两地的官员有很大可能会在此地的驿站住宿。

这一天，赵师韫在驿站歇脚，结果遇到了等待多年的徐元庆，就这么送了性命。

据《旧唐书·陈子昂传》载，"议者以元庆孝烈，欲舍其罪"。

当时很多人认为，徐元庆虽然是蓄意谋杀，但他的动机是为父报仇，情有可原，应该无罪释放。

时任右拾遗（谏官）的陈子昂为此写了一篇《复仇议状》，认为国家的大法规定擅自杀人者处以死刑，徐元庆应按国法处死，然后在他家所在的街巷的巷门前及墓地立牌坊加以表彰，以褒奖他的孝行节义就行了。大家都觉得陈子昂说得在理。

大唐热搜榜

1. 陈子昂说得对。　　热

2. 徐元庆应该如何处理？　热

3. 元芳你怎么看？

陈子昂的意见为什么得到了大众的认同呢？因为为父复仇自古以来就是天经地义的，《礼记·檀弓》中记载了孔子与弟子子夏的对话：

但唐高宗时颁布和注疏的《永徽律疏》（《唐律疏议》），只规定了祖父母、父母为人所杀，禁止当事人之间进行私了，并没有规定为父复仇的人可以无罪释放。

那么，出现这种情况，就只能援引普通凶杀案条款来判决。也就是说，徐元庆依律当斩。

陈子昂的折中方案，既维护了法律的权威，又弘扬了儒家的孝义，也让徐元庆这个小人物进入正史，出现在《旧唐书》里。

旧唐书

时有同州下邽人徐元庆，父为县尉赵师韫所杀。后师韫为御史，元庆变姓名于驿家佣力，候师韫，手刃杀之。

这段讲的是徐元庆改名换姓隐藏在驿站打工，伺机报仇的事情。

徐元庆最后的结果怎么样，史书中并没有明确的记载。

在徐元庆案发生后，唐代开元年间又发生了一起张琇、张瑝兄弟为父复仇案。

张琇、张瑝是玄宗朝嶲州（在今四川省）都督张审素的儿子。

开元十九年（731），张审素遭人诬告贪赃枉法，玄宗便派监察御史杨汪前去审查。

御史杨汪最后给张审素定的是谋反罪。张审素被处斩后，他的两个儿子张琇、张瑝因未满十六岁，被流放到岭南。

几年后，张琇、张瑝逃回洛阳，隐姓埋名，藏匿市中。这时杨汪已经官至殿中侍御史，并改名为杨万顷。

这不瞎扯么……"汪"还通"旺"呢。难怪改名后出事了。

开元二十三年（735），张琇、张瑝趁夜在街上截击杨万顷，将其砍死。

之后兄弟俩将父亲的冤情，以及杀死杨万顷的原因写成表状，挂在斧头上。

此案轰动朝野，民众情绪激愤，一致同情张氏兄弟，认为他们年纪虽小，却能为父报仇，堪称孝烈。

中书令张九龄也认为应宽恕，"宜贷死"（免于死罪）。而李林甫坚持认为"国法不可纵报仇"，否则会破坏国家的法律。玄宗支持李林甫的意见，于是下令处决了琇、瑝二人。

张氏兄弟之死令百姓十分痛惜，大家一起捐钱把张氏兄弟葬在北邙山；又担心杨万顷家人报复，特地建了疑冢数处，让旁人无法找到真正的坟墓。

这是真的墓

我是

张瑰张琇之墓

我是

我是真的

我才是真的

七十二疑冢*，这待遇都快赶得上我了。

曹操

*曹操死后七十二疑冢的说法在民间广为流传，后经过中国考古学界认定其墓地遗址，并发现曹操尸体。

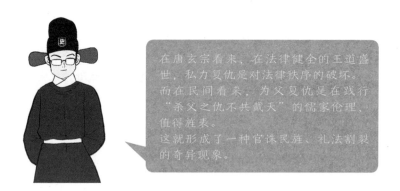

在唐玄宗看来，在法律健全的王道盛世，私力复仇是对法律秩序的破坏。
而在民间看来，为父复仇是在践行"杀父之仇不共戴天"的儒家伦理，值得旌表。
这就形成了一种官诛民旌、礼法割裂的奇异现象。

陈子昂提倡官诛民旌，这成为他履历表上光彩的一笔。但当时很少有人注意到，陈子昂这个方案有个致命的漏洞——既然伦理道德提倡为父复仇，那为什么法律又要加以制裁？

这个漏洞被后来的柳宗元抓住了。陈子昂在写《复仇议状》的时候，任右拾遗，这意味着陈子昂虽在讨论礼法问题，但他既不是法律口的，也不是礼仪口的，而柳宗元曾做过礼部员外郎，恰恰就是礼仪口的。

柳宗元大概是在翻阅历史卷宗的时候，翻到了徐元庆谋杀案的相关文件。他对陈子昂的主张大为不满，于是就针对着陈子昂的《复仇议状》，写了一篇《驳〈复仇议〉》。

柳宗元首先表态：我从文献上看到武则天在位的时候，发生过一起徐元庆谋杀案，当时的谏官陈子昂认为应该判处徐元庆死刑，然后再在徐的家乡给他搞什么表彰活动，陈子昂还建议把这个判例载入律令，成为国家法典的一部分。我觉得这样的做法是错误的。

柳员外郎，这么骂前辈，不太好吧？

陈子昂这种文青算啥？狠起来，我连自己都骂！

然后直指问题的要害：礼和法是一枚硬币的两面，其核心价值观都是一样的，绝不是互不相关的两套系统，像你陈子昂这么一搞，等于把礼和法对立起来了，搞出了两套核心价值观，大家伙分不清啥是对、啥是错。

最后，柳宗元给出了一个新方案，这个方案分两种情况：

① 徐元庆的父亲当真犯了法，论罪当死。

赵师韫杀他只不过是执行国法，徐元庆报仇就是犯上作乱。朝廷处死徐元庆就可以，没有必要去表彰这种行为。

② 徐元庆的父亲没犯法，赵师韫杀他只是出于个人恩怨。

徐元庆想为父亲鸣冤，可官场黑得伸手不见五指，这时候，徐元庆还能怎么办呢？只能手刃仇人，替天行道。如果是这样，朝廷不但要释放徐元庆，还要向他道歉。

春秋公羊传

父受诛，子复仇，
推刃之道也。

父不受诛，子复仇可也。

柳宗元部分采用了春秋决狱。如果父亲是冤死，儿子可以复仇；如果父亲论罪当死，儿子就不应该去复仇了。

与柳宗元同时代的韩愈也加入了论战，不过他选择的切入点是梁悦复仇案。

唐宪宗时期，又出了一个徐元庆谋杀案的翻版：十二岁的男孩梁悦手刃杀父仇人秦果，随后到衙门里投案自首。

小朋友，真的是你干的？

不信？我砍你一刀你就知道。

梁悦

这事惊动了朝廷，当时的皇帝唐宪宗看了案卷也发愁，不知道该怎么办，于是下了一道敕命，把皮球踢给尚书省了。

据《礼经》，杀父之仇不共戴天；依法令，则杀人者死。

这事，你们专业的尚书省去讨论吧。

唐宪宗 李纯

麻烦

尚书省官员

尚书省的官员分为两派：一派像初唐的陈子昂那样主杀，另一派像柳宗元那样主放。

来啊，battle（辩论）啊！

谁怕谁啊！

主放派

主杀派

这个时候，职方员外郎韩愈写了篇《复仇状》。

韩愈认为，如果不许复仇，则伤孝子之心，违先王之道；如果允许复仇，则擅杀行为会纷纷出现，社会将陷入混乱。

韩愈进一步阐述，法律为什么不明文规定为父复仇该当何罪？其目的在于避免礼法割裂。

那么我们又该如何处理？最好的办法是大家一起来商量，兼顾经与律、礼与法的同时，讨论出一个处理方案。

最后，唐宪宗采纳了韩愈的意见，认为梁悦为父复仇是"发于天性"，而且复仇之后"自诣公门"，决定让梁悦免死，杖一百，配流循州（在今广东省）。

你行你上！

你上我上都一样，不如让梁悦远走他乡。哟哟！

其他官员

韩愈

PK台

圣上敕谕，梁悦杖一百，配流循州。

苍天有眼儿！

传旨太监

梁悦

眼儿……怎么感觉你在骂人……

韩愈的主张得到了当时统治者的认可，不仅被载入史册，而且影响了唐宋之后国家对复仇的处理政策。

　　《宋刑统》中首次规定了对于复仇问题的司法程序，即遇到复仇案件，基层司法官员应该根据上请制度，将案件提交给皇帝处理。

《明律》则明文规定了对子孙复仇的行为减轻处罚："祖父母、父母为人所杀，而子孙擅杀行凶人者，杖六十。其即时杀死者勿论。"

《清律》继承了《明律》关于祖父母、父母为人所杀的规定。

古代司法对复仇的裁决，既保持了国家法令的统一，又反映了王权对人伦的守护。其中体现的"司法原情"主张对当下也有一定的启示意义。

徐元庆案最早见载于陈子昂的《复仇议状》：

臣伏见同州下邽人徐元庆者，父爽，为县吏赵师韫所杀，卒能手刃父仇，束身归罪。

后来，柳宗元也对此案进行议论，他在《驳〈复仇议〉》中写到：

臣伏见天后时，有同州下邽人徐元庆者，父爽为县尉赵师韫所杀，卒能手刃父仇，束身归罪。

由"天后"这个称谓可知，这个案子是发生在武则天称天后期间，即上元元年（674）八月到载初元年（690）九月这个时间段。据《旧唐书·陈子昂传》，陈子昂讨论这个案子的时候，时任右拾遗。又，据罗庸《唐陈子昂先生伯玉年谱》，延载元年（694），陈子昂居东都，守右拾遗。可见，从时间上来看，陈子昂并没有参与审判徐元庆。

《复仇议状》的抬头"臣伏见"，也表明这是一篇普通的时政文，并非奏疏。陈子昂上书的抬头有"梓州射洪草莽愚臣子昂，谨顿首冒死献书阙下"和"麟台正字臣子昂昧死上言"等。这两种抬头明显不是一种风格，所以《复仇议状》只是事后发表的议论。这也佐证了陈子昂并没有参与徐元庆案。

北宋欧阳修等人修撰的《新唐书·孝友》所载略有不同：

武后时，下邽人徐元庆父爽为县尉赵师韫所杀，元庆变姓名为驿家保。久之，师韫以御史舍亭下，元庆手杀之，自囚诣官。后欲赦死，左拾遗陈子昂议曰……

按《新唐书》的说法，武则天本来打算赦免徐元庆的死罪，结果被陈子昂搅黄了。显然，欧阳修搞错了，因为时间对不上，而且，欧阳修还把陈子昂的官职搞错了，右拾遗搞成了左拾遗，虽然都是谏官，但右拾遗隶属中书省，左拾遗隶属门下省。尽管《新唐书·孝友》记载的徐元庆案出现了更多的错漏，但欧阳修修撰《新唐书》毕竟是秉孔子修《春秋》之意，所以分别节录了陈子昂的《复仇议状》和柳宗元的《驳〈复仇议〉》。欧阳修没有表态，但从结构书法来看，可能他更倾向于柳宗元的观点。

从陈、柳各自时代的角度而言，陈子昂和柳宗元所论，各有其关怀。处于初唐时期的陈子昂，当时正得武后垂爱，又心怀大志，谋求重用，故而同为监察官员的陈子昂，以标新立异的折中方案，着实在君臣面前露了脸。陈子昂这种方案，看似折中之议，实则更加突出了礼法之间的张力。颇具讽刺意味的是，陈子昂后来在老家居丧期间，权臣武三思指使射洪县令罗织陈子昂的罪名，最终使之冤死狱中。他的后人申冤无路，想复仇又违法，可谓是进退失据。

而后来作《驳〈复仇议〉》的柳宗元，已经身处"白头宫女闲说玄宗"的中唐时期了。当时，柳宗元任礼部员外郎，春风得意，锐意改革。柳宗元选择了百年之前存疑颇多的徐元庆案来立论，应有破除前朝旧例，为变法造势之意。如果考虑到柳宗元祖上河东柳氏一族曾因武后打击而没落，那么他借徐元庆复仇案抨击陈子昂似乎也掺杂了些许私人恩怨。

从复仇观念的历史演变来看，秦代禁止复仇；汉代虽禁，但赦免颇多；魏晋南北朝时，复仇之事也很多；隋唐赦免复仇的依旧占多数。纵观有文献可查的唐代血亲复仇案例共16个，最后有7个被处死，9个被赦免、从轻发落或嘉奖。而在武后之前的7个复仇案只有1例被处死，其余或免死、或奖掖。可见，唐王朝的前期更注重于礼，中后期更注重于法。或许，这与唐高宗时期颁布了《唐律疏议》也有一定关系。

总体而言，私力复仇存在一个从"父母之仇，不共戴天"到"复仇之义，为乱世之言"的过程。

无论是《论语·宪问》中的"以直报怨"，或是《礼记·曲礼》中的"父之仇，弗与共戴天"，还是《春秋公羊传》中"内不言败"的体例——"复仇之战，虽败犹荣"的这种"荣复仇"的理念，都说明了先秦儒家对待父母之仇的鲜明态度。

显然，个人复仇的行为是对国家法治的破坏，如何平衡《春秋》"荣复仇"与"尊王"之间的关系？《公羊传》提出了两种观点：一是父不当诛，子可复仇，即如果是父因罪当诛，儒家不提倡子孙复仇，因为这样一来一往无异于推刃；二是复仇不除害，即复仇对象仅限于仇家自身，不得株连子孙。《礼记》则认为衔君命而使，虽遇之而不斗，即个人虽有私仇，但在执行王命过程中即使相遇也不可复仇。

随着大一统皇权的逐步强化，皇权对于复仇的态度逐渐发生变化。如果任由百姓替冤死者报仇，则会导致人们对于法律秩序的整体质疑，危及皇权统治。基于此，处于开元盛世的唐玄宗最终还是处死了为父复仇的张氏兄弟。北宋时期，王安石指出复仇只是百姓于乱世中不得已的私力救济手段，"故复仇之义，见于《春秋传》，见于《礼记》，为乱世之为子弟者言之也"。王安石的言外之意——身处治世是不允许私力复仇的。

《宋刑统》中首次规定了对于复仇问题的司法程序，即遇到复仇案件，基层司法官员应该根据上请制度，将案件提交给皇帝处理。这种处理方式更接近韩愈的理念，相较于陈子昂和柳宗元的理想化的观点，韩愈的主张更具有现实感。《明律》则明文规定了对子孙复仇的行为减轻处罚："祖父母、父母为人所杀，而子孙擅杀行凶人者，杖六十。其即时杀死者勿论。"《清律》继承了《明律》关于祖父母、父母为人所杀的规定。

父母子女之间的人伦关系是礼义精神之所在，也是人禽之所别。礼义精神历经千载时光的磨砺，早已遍洒中华大地，深深刻在中华儿女的血脉里。

宋慈

愿聆白骨诉伤悲:《洗冤集录》

背后的法医鼻祖

巍巍大宋帝国，人才辈出，仅在司法领域就有两位杰出人物名垂千古。一位是名扬天下的北宋人包拯，人称"包青天"。

另一位就是不为人熟知的南宋人宋慈，即电视剧中的"大宋提刑官"。

宋慈，字惠父，南宋建阳县（今福建南平市建阳区）人。祖籍河北邢台市南和县，唐朝名相宋璟后人。出身官吏家庭，从小师从朱熹的弟子吴稚。

著名影星王宝强和您是邢台南和老乡啊！

你说宝宝啊，他的观察力可不行啊！

宋慈大器晚成，32岁方考中进士乙科，被朝廷分配到浙江鄞县（今浙江宁波市鄞州区）任县尉。谁知，此时正赶上父亲宋巩去世。宋慈无法赴任，只能回家守孝。

父亲一生功勋卓著，单是有我这么个儿子这一点，就足够甩我一条街了……

当宋慈面临再就业的问题时，闽中叛乱骤起，宋慈毅然跟随招捕使陈韡平叛。由于平叛有功，宋慈被举荐为长汀县（今福建龙岩市长汀县）知县。随后辗转多地，终于在55岁时成为广东路提点刑狱公事官。

这把年纪了，才能干点自己喜欢的事，真不容易。

大人，您就是当代的包青天！

别提那老黑，要不是他，我在大宋牛人录里排名更靠前。

开启大宋提刑官生涯的宋慈，始终坚持奋战在工作第一线。尤其是对于百姓反映强烈的冤假错案，宋慈逐一落实平反。8个月间，就办了200多宗案件，受到百姓拥戴。

宋慈不仅自己审案，而且极其重视证据的采集。在人命关天的案件中，宋慈不敢有丝毫的怠慢，他要求，验尸官必须到案发现场实地勘验，亲自验尸。

别小瞧验尸，这可是个技术活，甚至难于给活人看病。宋慈要求，验尸人员必须做到：不畏难、不畏苦、不畏脏、不畏臭；若尸臭不可闻，验尸人员可用麻油涂鼻子，或用浸了油的纸撬子堵鼻孔，但不能戴口罩，不能捂鼻子。

案发现场

大人，这具尸体至少有五百年了！

废什么话，去把愚公找来，把山搬喽，老爷要验尸。

对于女尸的检验，受传统礼教严苛约束，往往只能查验一下头骨、面部五官、颈部、四肢，或腹部、背部。其他隐私部位不能裸露，不仅社会舆论不允许，死者家属也会强烈反对。

哎呀呀！什么验尸啊，这不就是臭不要脸嘛！

这是工作，大娘！

传统对女尸检验的限制导致大量冤假错案发生。宋慈勇于打破禁忌，要求女尸检验不可羞避，必须全身赤裸，且不放过任何一个隐私部位。因为在宋慈看来，罪犯很可能在隐私部位下毒手，比如扎入刀、针等致命异物。

宋慈甚至还要求，检验女尸尤其是富家的女尸，必须要接受公众的监督。也就是说，要在大庭广众之下检验女尸。因此，宋慈把验尸地点安排在大街上。只有正大光明，才可以避嫌。

宋慈求真务实的工作作风并不被人理解，反而被认为是有悖伦理、有伤风化、不成体统，在有些官员看来就是大逆不道。尤其是在当时程朱理学盛行的时代，宋慈的如此行为让很多人不齿。

随着大量案件的及时、准确侦破，民间对宋慈的颂扬声越来越多。人们逐渐认可了宋慈的工作方法。宋慈声名远扬，他没有想到，自己不知不觉中成了世界法医的鼻祖。

宋慈多次被调动，但主要工作还是与刑狱打交道。长期的一线验尸经历让宋慈积累了大量的工作经验。宋慈还利用业余时间对古人的经验进行系统的总结与提炼。

最后，宋慈用了7年时间进行整理，使世界第一部法医学著作《洗冤集录》得以正式问世。此书问世后，迅速受到追捧，成为刑狱工作的教科书、工具书。

它比意大利人福尔图纳托·费代莱（Fortunato Fedele，1550—1630）写成于1602年的同类著作还要早350多年。

《洗冤集录》一书融合了生理、病理、药理、毒理知识与丰富的尸体诊察实践经验，不仅方法多、技术全，精确度也非常高，绝对处于世界领先水平。

若能再活七百年，诺贝尔奖妥妥的。

宋慈像

宋慈
(1186～1289)

宋慈的验尸方法虽然古老，但很有科学道理。比如蒸骨验尸，这种方法就类似于紫外线光照射尸骨检验伤痕。

蒸骨验尸

先以水净洗骨，用麻穿定形骸次第，以篇子盛定。

却锄开地窖一穴，长五尺，阔三尺，深二尺。多以柴炭烧煅，以地红为度。

除去火，却以好酒二升，酸醋五升，泼地窖内。

乘热气扛骨入穴内，以薰荐遮定，蒸骨一两时。

候地冷取去荐，扛出骨殖向平明处，将红油伞遮尸骨验。若骨上有被打处，即有红色路微荫；骨断处，其接续两头各有血晕色；再以有痕骨照日看，红活，乃是生前被打分明。骨上若无血荫踪，有损折，乃死后痕。

——《洗冤集录》

电视剧《大宋提刑官》中有过这样一个案子：有一年轻女子出嫁后蹊跷死亡，宋慈手下的验尸官对该女子的尸体进行了全面检查，却没有发现任何伤痕。宋慈发现，有几只苍蝇总趴在女子头顶处，由此，他断定有烧红的铁钉钉入脑内。这个案子可能就是根据《洗冤集录》改编的。

大人，确实有铁钉。

这铁钉钉入脑后，血液瞬间凝固，虽没有见到血液，但苍蝇却能闻到这种味道。

对于如何区分死者是被烧死，还是被杀后再焚尸的难题，宋慈也有简单有效的方法，那就是看死者的口腔与嗓子，是否有烟灰。

如果是被烧死，死者生前一定会有呼号，烟灰会呛入口鼻、嗓子内。被杀再焚尸则无此现象。

如今，法医工作者从业时都要读宋慈的《洗冤集录》。这本经典著作还被翻译成英、法、德、俄、日等多种文字，得到世界法医学界的公认。

你问我宋慈有多牛，如今走遍全地球。

传言宋慈是被人毒死的，其实他是过度操劳而死。

宋慈是个工作狂，别人在混酒局的时候，他在工作；别人流连于风月场所的时候，他还在工作。淳祐九年（1249），宋慈病逝于广州，终年六十四岁。宋理宗亲自为宋慈题写墓碑。

如此牛气冲天的大宋名人，你绝对想不到，《二十四史》里根本没有宋慈。难道史官们把宋慈忘了吗？

直到清代的陆心源编撰的《宋史翼》补续了《宋史》，才将宋慈列入其中。后来，纪晓岚修纂《四库全书》，仅对《洗冤集录》和宋慈做了简要介绍，并未辑录《洗冤集录》全文。

为什么宋慈如此被轻视呢？

只因宋慈所从事的工作在古代属于"贱役"。验尸查伤，整天和腐烂的尸体打交道的工作叫"仵作"。这种职业身份卑微，社会地位低，属于下等阶层，主流社会根本看不上。

电视剧《大宋提刑官》中的故事全是虚构，女助理瑛姑的存在更是子虚乌有。幸亏宋慈有一位同窗好哥们儿——文坛领袖刘克庄。宋慈去世十年后，刘克庄根据宋慈的生平饱含深情地写下《宋经略墓志铭》。

真实的宋慈，先后有两个老婆。第一任老婆姓余，续妻姓连，共有三子二女，不知道有没有妾。

据《建阳县志》记载，宋慈的后裔貌似有政治洁癖，坚持"不事二君""入元不仕"，随后隐姓埋名，逐渐销声匿迹。

宋慈死去七百多年后的今天，电视剧《大宋提刑官》还在播，江湖上仍有他的传说。

如果没有电视剧《大宋提刑官》的热播，应该不会有几个人知道宋慈，这是他的工作性质所决定的。

宋慈与包公不同，包公的主要工作是审案断案，他是一名法官，特点是公正廉明、秉公执法，尤其是不畏权贵、铁面无私，这点深受普通百姓欢迎，所以包公的事迹广为流传。而宋慈的主要工作是检验尸体，他相当于一名法医。这种工作的技术含量高，但属于幕后工作。

即使将宋慈放到今天，他很大可能也是默默无闻的。法医是法官断案的"助手"，法官维护着社会的公平与正义，而公平正义则与每一个人息息相关。因此，法官更为人们所知晓。宋慈若地下有灵，还真的要感谢电视剧。

电视剧中，宋慈的故事除了朝代、宋慈的名字以外，基本都是虚构的。在编剧的笔下，宋慈敢于同官场黑暗势力做斗争，如检举揭发刁光斗、吴淼水等贪官。虽属虚构，但基本也在情理之中。

在宋慈好友刘克庄的笔下，宋慈就是一位清官、好官。或许刘克庄有诸多溢美之词，但根据宋慈的工作特点与他求真务实的态度来看，他必定会得罪官场中人。宋慈是喜欢坚持真理的人，他注定是官场中的异类。

相对宋慈专业的验尸技术，人们更感兴趣的还是电视剧演绎的他与贪官斗争的过程。如刁光斗、吴淼水对宋慈说的话，显得意味深长。

在电视剧《大宋提刑官》中，刁光斗被检举后，当面还击宋慈："就你一个人，扛着一杆大宋王法的大旗，就能够横扫天下，澄清玉宇……你不是成天口口声声，说什么王法王法，你知道什么叫王法？好，就让刁某来告诉你吧。王法，王法，就是皇家的法。"

吴淼水官场失势后，路遇宋慈，向其狂妄叫嚣道："别以为你凭着你那点验尸验伤的雕虫小技，你就可以平尽天下冤狱，澄清玉宇了……别说一个宋慈，就是十个八个，也休想把这浑浊的世道变得天朗水清……你记住，我不服你，我吴淼水一定在官场上，还会跟你见面！"

这些话之所以成为经典，让观众难以忘怀，就因为这些贪官道出了官场中的潜规则，揭示了人们不愿面对的社会现实，甚至还体现出中国古代官场的某些历史特征。

电视剧中的宋慈不只是一个法医，他还被编剧赋予了更多的内涵，形象得到了再次拔高。他既是廉洁奉公的清官，又是平反冤假错案好官，总之，他代表着官场中的清流，甚至还被赋予了一种英雄主义色彩。电视剧在揭露官场黑暗的同时，也反映出普通百姓心中一直存在的清官情结，因为，官场的黑暗让百姓不能忍。

宋慈的事迹对今天的我们还有一个很大的借鉴意义。宋慈潜心钻研尸体检验技术，长年致力于刑事现场的尸体勘验经验总结，并写成流传至今的不朽专著《洗冤集录》。这种专业精神就是今天人们所说的匠人精神。

今天的社会充满了浮躁情绪与投机心态，宋慈的这种匠人精神更显难能可贵。宋慈留给后人的不仅仅是一门专业技术，更是这种坚守内心、求真务实的精神。只有脚踏实地、精益求精才是永恒不变的。

姚小五

去胡风，再造华夏：
时代风暴下的爱情保卫战

说一个普通人的不普通故事，这是《明大诰》里记载的一个故事——

明洪武十八年（1385）前后，山西洪洞县（今山西临汾市洪洞县）有个农民叫姚小五。姚小五和妻子史灵芝结婚几年，生了三个儿女。

两人你耕田来我织布，我挑水来你浇园，小日子过得倒也滋润。直到有一天，一个陌生人找上门来。

这个陌生人说他叫唐闰山，还说史灵芝是他的未婚妻。姚小五一脸蒙，孩子都可以打酱油了，突然一个陌生人上门来，说孩子妈是他的未婚妻……

与唐闰山聊了老半天后，姚小五才搞明白，眼前的这个人是个"军爷"，从远在南方的镇江卫（在今江苏）跋山涉水来到洪洞县。

唐闰山有个哥哥，史灵芝三岁时曾与唐闰山哥哥订过一门娃娃亲。

这娃娃亲定下来后，没过几年唐闰山的哥哥就死了。

小爱提问

姚小五事先知道他娘子小时候订娃娃亲这事吗?

《明大诰》里没有说,但应该是知道的。

爸爸,我排老二为啥叫小五啊?

这很简单啊,爸爸不识字,也不识数。

从史灵芝的名字可以推断,她的家庭环境应该不错,这也很好地解释了,为什么史灵芝最初许配的是军户(卫籍)。而姚小五的名字表明,他可能是普通人出身。

古人结两姓之好，完全凭父母之命媒妁之言。在熟人社会，双方父母很容易探听清楚彼此的情况。史灵芝未出阁而未婚夫早夭，是会"掉身价"的。

男方已死，这桩亲事也就不了了之，史灵芝长大成人后，"下嫁"给民户姚小五（明初军户的地位比民户要高），想来这也是情理之中的事。

然而，元朝有个婚俗，"兄死则妻其嫂"，就是如果哥哥死了，弟弟可以"继承"嫂子。

这虽然属于草原习俗，但金人、蒙古人入主中原后，经过两百多年的浸染，中原百姓也渐习此风，这个风俗延续到了明初。唐闰山据此认为，史灵芝应该嫁给自己。

姚小五当然不同意，好好的一个娘子说没就没，此外三个娃怎么办？！

但是唐闰山有备而来，他从镇江卫出发的时候，到应天府（今江苏南京市）的兵部讨了一纸"勘合（文书）"。

兵部的意思是"唐闻山家属起赴镇江"，但史灵芝是不是唐闻山的"家属"，这个是有争议的。

争议在于《大明律》尚处初创阶段，很多方面还不完善，官官查了一下《大明律·户律·婚姻》条，只规定了未到婚期男方不能强娶，到了婚期女方不能找借口不嫁，并没有规定小叔子是否可以娶嫂子。

户律·婚姻

期约未至而男家强娶及

期约已至而女家故违期

者并答五十

大明律

既然《大明律》没有否掉元朝这个风俗，唐闰山自然有理由提这个要求。前些年唐闰山保家卫国去了，现在安顿下来了，他便千里迢迢从镇江跑到山西洪洞，想要接家人过去完聚的同时，顺带按照民间的习俗把"嫂子"给娶了。

我为大明立过功，我为大明流过血！

这么一来，姚小五与唐闰山没法谈了，只能去县衙里请县太爷明断。姚小五认为，"（史灵芝）不系军人唐闰山妻室"。但知县看到兵部的勘合立马尿了，一个七品芝麻官敢违二品兵部尚书的命令？

姚小五眼看娘子无端被人夺走，心有不甘，于是逐级上告，一直告到刑部。

我们现在或许无法理解，一个平时不出县的平民百姓，从山西洪洞县到首都应天府，除了需要勇气和胆识外，还需要大量的时间和物质成本。

当时的刑部尚书叫王旹，接到姚小五的状纸后，他把唐闰山、姚小五和史灵芝提取在部。分别问话后，王尚书认为分析案情的关键在于史灵芝三岁时的媒人。媒人是双方的联络人，王旹估计是想了解婚约状况。

是啊，史家当年是否把彩礼退还了唐家？

要证实这点，就要找到当时的媒人。

正当王尚书下令让捕役去洪洞县里勾取媒人时，明太祖朱元璋知道了这事。或许是姚小五得到了高人指点，来京后到处嚷嚷，这事不知如何就传到朱元璋的耳朵里去了，朱元璋下令都察院的御史唐铎过问此事。

这事不简单。传唐铎……

明太祖 朱元璋

心腹大人，请喝茶！

低调，当年跟上位打天下的时候我就很低调。

御史唐铎

唐铎何许人也？由于《明大诰》记事过于简略，我们可以通过《明史·唐铎传》来了解此人。朱元璋刚刚起兵时，唐铎就侍奉在朱元璋的左右，创业成功后，唐铎分别担任过兵部尚书和刑部尚书，可以说是朱元璋的心腹。

不争气的东西，给你个机会，看看你的表现。

必须的啊，皇上！

这个时候，唐铎在都察院当御史，算是"失宠"了，但不管怎么说，他曾经是朱元璋的亲兵。朱元璋派他来过问此案，既是因为对现任刑部尚书王峕对案件的处理结果不满，也是想给唐铎一个将功补过的机会。

唐铎曾长期跟随朱元璋，他的人脉与资源都足以让他揣摩到"圣意"。

那么朱元璋的"圣意"是什么呢？虽然大明"光复华夏"已十几年了，但朱元璋面临着一个很大的现实问题——经过金朝和元朝再到明初的两百多年，"北人"和"南人"被分割为两个不同的群体，南北的认同差异非常大。

认同差异大到什么地步呢？举两个例子，山西文庙里的孔子塑像披发左衽，河北的张弘范是灭南宋的主将。

崖山石刻

镇国大将军张弘范灭宋于此

又轮到我出场了……

要消弭这种认同差异，最好的策略是"再造华夏"，即用儒家文明将南北重新扭成一股绳，具体措施之一就是"去胡风"。

草原的收继婚俗，有其现实生存的考量，但在儒家文化看来，这是坏了"人伦"。所以，在朱元璋这里，姚小五这个案子就不只是法律问题了，还是一个政治问题，事关大明的道统。

从唐铎事后的举措来看，他显然是领会到了这层"圣意"，旗帜鲜明讲政治。所以唐铎单刀直入，指责王峇"不行明坐妄取他人妻室为妻之罪"。

唐铎的理由有四：

1.唐闰山是镇江卫籍，而史灵芝是山西洪洞户籍；

2.唐闰山与史灵芝往日无私情；

3.唐闰山兄早就死了，王皆是吹毛求疵；

4.王皆打算差人千里勾取媒人，这是扰民。

王皆觉得按《大明律》和风俗办事，这叫"照章办事"，合理合法。他坚决认为自己没错，是唐铎故意整他。不仅如此，王皆还说了一句不讲政治的话，他当着唐铎的面用了一个武则天时来俊臣的典故，来暗讽朱元璋是一个"暴君"。

唐铎把王峕的话禀报给朱元璋，朱元璋一怒之下大开杀戒——"所以有司，尽行处斩"！

这帮废物，书都读到哪儿去了，乱伦的事都支持，都得死！

皇上息怒！

刀下留人啊！

你喊的没用！

洪洞知县"不行与民辨明，擒拿奸诈之徒"，刑部尚书王峕"上侮朝廷，下慢执法之官"，二人分别获罪于此。

148

明初洪武朝，洪洞县归平阳府管，平阳府归山西布政使司管，不知道姚小五有没有到这两个单位去告状。如果去了，平阳太守和山西布政使也难逃一劫。

我们纯属"躺枪"。

看来我不应该来。

至于姚小五、史灵芝和唐闰山的结局，《明大诰》没有记载。从"所以有司，尽行处斩"八个字来推断，他们应该是各回各家。

《大明律集解·户律·婚姻》："兄亡收嫂，弟亡收弟妇者，各绞。"这条律令，或许就是应当时的社会环境而生的。

　　我们总会认为历史非黑即白，而世情往往是五彩的。明初姚小五一案中涉及的人，很难用单纯的好坏来定义，每个人或多或少都被时代所左右。

　　姚小五作为明初的一个农民，应该是在战乱中来到这个世上。不久，大明王朝重新统一了天下，但整个社会依然是千疮百孔，经过十几年的休养生息，农民的生活才算勉强地安定了下来。在这样的背景下，姚小五娶了家境尚可的史灵芝，还生了三个儿女，这对农耕社会的古人来说，也算是过上了幸福平静的日子。

　　唐闰山的出现打破了这种平静，眼看着家庭受到破坏，姚小五自然要不惜一切代价去维护。在交通不便的古代社会，姚小五从县里一直告到了京城。我们难以计算出他从山西洪洞县到山西平阳府、山西布政使司，再到京城应天所花费的时间和物质成本，但可以感受到他作为一个男人，维护家庭的那种决心和韧性。

　　姚小五的配偶史灵芝，幼年定亲的对象早天。为了不耽搁史灵芝的青春，史灵芝的父母把她许给了姚小五。这个故事中，并没有关于史灵芝的直接记载，但姚小五进京告御状，背后显然有她的认同与支持，与姚小五一样，她想维护这个家。且不论她与姚小五婚后相处得是否称心如意，作为一个母亲，史灵芝也很难丢下自己的三个儿女，如果她被朝廷判给了唐闰山，她的儿女怎么办？！

唐闰山长期在江苏镇江当兵，好不容易熬到兵部同意他到山西洪洞接家属回镇江一起生活，按照习俗他也想顺带接走"嫂嫂"史灵芝。山西这个地方，从靖康之变后，就是金朝统治，后来金朝覆亡，又是元朝统治。金人和元人都实行收继婚制，也就是哥哥死了，弟弟可以娶嫂嫂，如果弟弟要娶，嫂嫂是没有权利拒绝的。两百多年都是这么过来的，是以唐闰山想接走史灵芝，也是情理之中的事。问题的关键在于史家当年有没有退彩礼，如果退了彩礼，就表明史灵芝并非唐闰山的"嫂子"，那么唐闰山的行为就是无理取闹了。

再说兵部的文书。《明大诰》记载得比较简略，只有"着落洪洞县将唐闰山家属起赴镇江完聚"一句话。实际上文书中的内容会比较具体，为了避免士兵把不相关的人当成家属接到卫所里面，兵部肯定会事先核实具体的家庭成员。所以，可以推测史灵芝也在这个名单当中。这表明"兄死则妻其嫂"这个前朝习俗，在明初依然风行，即便是兵部的后勤人员，也默认这种风俗，在文书上加上了史灵芝的名字。

山西洪洞县知县具体的名字没有查到，但洪武十八年时已经开科很多年了，知县一般是举人出身。自幼读圣贤书，他当然知道"兄死则妻其嫂"不合圣贤之意，也知道史灵芝已出嫁好几年，儿女都有三个了。就算《大明律》关于此案的法令存在缺失，他也可以用春秋决狱，支持姚小五的"（史灵芝）不系军人唐闰山妻室"的诉求，或者即便按现行法律和风俗处理此事，也要搞清楚史家当年有没有退还彩礼给唐家。但知县并没有这么做，在恪守良知与遵从兵部命令的两难选项之间，他选择了避开这个棘手的案子，选择了明哲保身。这可以说是古往今来大部分官僚行事风格的写照。

刑部尚书王峕，是一个坚守法令的人，也是一个坚守原则的人。姚小五这个案子的关键在史灵芝与唐闰山兄订婚时的媒人，媒人作为原告与被告之外的第三方，可以证实史灵芝与唐闰山兄当年是否订婚，如果订婚了后来是否两清。"勾取媒人"表明了王峕的专业素养。所以，当御史唐铎指责他"勾取媒人的行为是动扰良民"时，王峕已经敏锐地感觉到了这个案件已经不仅仅是一个民事案件了。王峕本来可以低头"认错"，但他在面对唐铎的指责时选择坚持自己的原则。最后与唐铎起冲突，把唐铎比作唐代武则天时期的酷吏来俊臣，也就注定了他的悲惨下场。

朱元璋则面临着治理难题。明朝建立后，朱元璋面临着几个很现实的问题：一是华夷秩序颠覆，儒学为代表的传统文化遭到极大挑战，元代的收继婚制到了明初还有延续就是一个例子；二是北方汉人在辽金元时期存在不同程度的"胡化"现象；三是"北人"和"南人"被分割为两个不同的群体，产生了巨大认同差异。

朱元璋要消弭南北认同差异，将北方纳入"大明共同体"中，在当时的情况下，"再造华夏"是最优的选择。为此，他不惜采取激烈的手段，展开一系列"去胡风"的礼俗改革。刑部尚书王峕这种"不讲政治"的人，也就成了这股洪流中的牺牲品。如果朱元璋的手段平和一些，王峕这种技术官员，或许仅仅是结束政治生涯，而非丢了性命。

杨生财

没有监控的年代，知县
如何智擒人贩子

———

明朝崇祯七年（1634），直隶浚县（今河南鹤壁市浚县）衙门来了一个农民，此人叫杨生财，是内黄县（今河南安阳市内黄县）人。

杨生财声称自己中年得子，孩子乳名大郎，三岁那年被人迷拐。杨生财曾到内黄县衙门报案，因县衙一直抓不到嫌犯，此案便成了悬案。

154

无可奈何之下，杨生财走遍内黄、汤阴（今河南安阳市汤阴县）、淇县（今河南鹤壁市淇县）、浚县，花了三年时间找孩子。

他逢人便问，见孩子就看，不知遭了多少白眼，甚至因为到处看别人的孩子，受到了不少打骂，可以说历经千辛万苦。

这一天，在浚县西关一个叫赵奉伯的人家里，杨生财突然发现了儿子，虽然离散了三年，但从孩子的眼神及神态，他确定那就是自己的孩子。

既然他认出了孩子，当然要把孩子接回家，但是赵奉伯不肯。

杨生财只好到衙门告状，恳请知县太爷做主，裁断此子归宗，并严惩拐卖孩子的人贩子。

明光大正

原来如此。若你所言属实，本官定当为你做主。

谢大老爷！

杨生财的户籍并不在浚县，只是被告人是这个县的。他为什么选择在浚县告状？

如果衙门不受理呢？

县令就要承担责任，被杖责八十。

据《明律·刑律·诉讼》"告状不受理"条规定，跨州县的案子，原告在哪个衙门告状，就由哪个衙门受理。案情调查清楚以后，就在这个衙门结案。

时任浚县知县的张肯堂，正准备安排衙役抓人时，赵奉伯也来告状。他说，大郎是他亲生儿子，从出生到现在，都是他亲自抚养，附近村民都可以为他作证。

正想抓你，你自投罗网了，还算识相。

赵奉伯

浚县县令 张肯堂

禀老爷，大郎是我的儿子。姓杨的这个人失心风了，请老爷明断。

*张肯堂：天启五年（1625）进士，崇祯七年（1634）擢御史。明亡后在浙江舟山抗清失败，自杀殉国。后来乾隆赐谥忠穆。

双方互控，自然要提及原、被告及证人。杨生财是外县人，找不到人为他作证；赵奉伯是本地的，有很多邻居愿意给他作证，他们都说孩子是赵奉伯亲生的。这一人对多人，杨生财就显得很无助。

张知县见此，下令让衙役把大郎带来，让大郎站在赵奉伯和杨生财中间，然后，让他们叫孩子的名字，看看孩子认谁做父亲。孩子先看看杨生财，再看看赵奉伯，最后走到了赵奉伯身边，还将他抱住，看上去非常亲密。

这个孩子的父亲是谁，似乎已经明了。接下来，张知县却说了一番让大家都意想不到的话——

此案关系到内黄县，如若裁断，必须先咨文内黄县，查询杨生财是否丢失孩子。还要杨生财的邻佑为证，以查明其是否为奸恶之人。

浚县县令 张肯堂

既然案子一时结不了，张知县便先将杨、赵两个互为被告的人收押，孩子年幼，就暂时住在衙门，由张肯堂的母亲照看几天。

这，万万没想到……

七天之后，县令张肯堂让人将杨生财和赵奉伯带到公堂，悲痛地对两人说——

张知县的一席话说完，杨生财哭得死去活来，赵奉伯则只是感叹不已，脸上并没有多少痛苦之色。

大人，他是我的孩子。他生是杨家人，死是杨家鬼，请大人一定要让他认祖归宗，让我将他带回老家安葬。

这孩子真是小人的。

浚县县令 张肯堂

看你二人的表情，本官已经明白八九分。大郎在老夫人的呵护下，岂会死去？杨生财闻知孩子死讯，痛不欲生，而赵奉伯只有叹息，可见至亲之天性。

一生一死，乃知真情。此时张知县已心如明镜。

杨生财

完了，被诈了！

不是做梦吧?!

赵奉伯

162

原来，前几天张知县派人到内黄县调查，发现杨生财确实于三年前丢失孩子，内黄县衙门也早已立案，再者，赵奉伯邻居所证之事，都是孩子三岁以后的事。

随后，张知县便让衙役给赵奉伯上了夹棍，摆出一副夹死勿论的架势。赵奉伯惊恐不已，没等用刑就开始了竹筒倒豆子。

张知县让赵奉伯回家取来契约，这份契约是白契（未经官府加盖官印的契约称白契），上面除了王三宝和赵奉伯签字画押的痕迹，还有三名中间人的落款。

王三宝家住淇县，并不属于张知县管辖。要到淇县抓人，需要知照淇县知县。如果淇县知县不配合，则很难破获这个人口拐卖案。

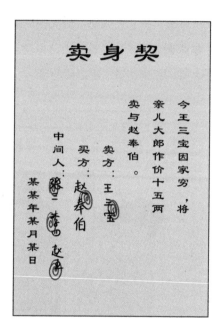

卖身契

今王三宝因家穷，将亲儿大郎作价十五两卖与赵奉伯。

卖方：王三宝

买方：赵奉伯

中间人：某某年某月某日

当官不为民做主，不如回家卖红薯。

据《明律·刑律·贼盗》"略人略卖人"条规定：如果买者知情，要与拐卖者同罪。买者不知罪，可以不坐，但要追价还主。

就目前来说，原告和被告还是比较好处理的。赵奉伯买入大郎之时，并不知晓大郎是被拐来的，那么他就没有罪责，只需要把十五两银子从人贩子那里追回后，交给杨生财就行。

王三宝→十五两→赵奉伯→十五两→
杨生财→大郎→

问题在于首恶王三宝在淇县。张知县在官场混迹多年，深知如果走正规流程，这个案子不知道要被拖到何年何月。张知县非常痛恨这些人贩子，因为他们干的勾当丧尽天良、灭绝人伦。所以，他绝不能容忍这些人逍遥法外。

天网恢恢，疏而不漏。

浚县县令 张肯堂

既然不能走正规程序，那就变通处理。张知县从库银中预支十五两给杨生财，让他先将大郎带回家。

然后张知县将自己的亲信叫来，对他们进行了一番交代。亲信接受密令后，来到淇县，化装成富商，四处打探王三宝的下落。功夫不负有心人，通过四处走访，他们找到了王三宝家。

　　亲信见到王三宝后，说自己家里非常有钱，家族产业庞大，可惜后继无人，希望王三宝能够卖一个孩子给他。王三宝听他是江南口音，知道像这样买家来自远处的交易，官府难以查证，所以开口就是天价。

*暗货是指拐卖而来的妇女和孩子，明货是指自己亲生的孩子和与家人生气自己出走的妇女。

王三宝没想到对方毫不犹豫就答应了，并且还给了定金。他觉得这人靠谱，就约定了交易时间。

亲信将这个消息传给张知县，张知县便给淇县知县修书一封，说在浚县发现了一伙强盗，为首的就是王三宝。他希望得到淇县的配合，将大盗王三宝擒获，以正国法。

张知县为什么要把王三宝说成强盗呢？因为明朝法律有规定，只要牵涉到强盗，那就是大案；若强盗抢得钱财，不分首从，都是要处死的。如果官员发现强盗不实施抓捕，会被革职查办。

哎哟我去，这世道做捕快都这么拼命，隔壁县居然到俺这里来查案了。

邢捕头

张知县弄出这样一封书信，淇县知县就不敢不配合。他立马派十名捕快，来接应张知县派出的十名捕快，合兵一处之后，就来到了约定的交易地点。

弟兄们埋伏好，见机行事！

王三宝等人根本就想不到这是个圈套，他带了十二名手下前来，结果被一网打尽。

这事闹的。

捕快们根据他们供出的线索，解救出被拐的三名妇女和六名八岁以下的孩子。拐卖犯抓到了，受害人解救了，捕快们就押着他们回到了浚县。

有我淇县邢捕头在此，谁敢造次！

这是一起名副其实的大案，必须要审问明白，按律拟罪，才能得到上司批准，将所有罪犯绳之以法。张知县对所有的疑犯和被害人分别进行审讯，最终弄清楚了这伙人贩子的所作所为。

王三宝是这群人的带头大哥，他的手下有八个男人和三个女子。他们行踪不定，流窜作案，活动于多个县境内，寻找机会以下迷药或者行骗的方式，将妇女和儿童拐走，然后贩卖。

这么一群作恶多端之徒，不严惩说得过去吗？

依明律，拐卖人口的犯罪集团，若有使用迷药、凌辱妇女的行为，罪同强盗。不分首从，一律严惩。

故此，张知县判决如下——将王三宝等三人拟枭首示众，将李二奎等三人斩首，将王八姐等三人绞刑，其余则杖一百、流三千里。

正大光明

大人，买卖同罪，那个江南商人怎么没有被判刑？

173

对于被拐卖人员，有家属的，张知县就让家属来领，没有家属的，就送到养济院；已经卖往外地的，只要找到了，就遣返回家。

对于买主，知情者与从犯同罪，不知情者略做罚款。

最后，交代一下杨生财、大郎和赵奉伯的后续情况。杨生财领走大郎的时候，张知县就告诉他们，赵奉伯抚养大郎三年，也实属不易，要大郎记得赵奉伯的恩情。赵奉伯死后，大郎前去披麻戴孝，为他送行。后来大郎生了三个儿子，就让一个孩子改姓赵，延续赵家香火。

当年拐卖案当事人　大郎

生之恩，养之情，谁又能够说得清呢？

拐卖妇女儿童的犯罪行为并没有随着历史的烟尘而消散，即便在当下，被拐的妇女儿童即便得到了解救，局外人依然多是看得见团聚，而看不见悲伤。

愿天下无拐，亲人永爱。

　　本篇漫画内容来源于南开大学柏桦教授的《柏桦讲明代奇案》一书中的一个案例，我们查询了好久，并没有查到故事的确切原始出处。二人争子的故事是传统刑狱话本、戏曲和小说的一个母题。

　　成书于五代的《疑狱集》中有一篇关于揣度人情的案例"李崇还儿"（《李崇察悲哓》）广为流传。说北魏时期的李崇任扬州刺史时，有个叫苟泰的人，他家小孩三岁时失踪了，后来在赵奉伯家被发现，双方都说小孩是自己的，并有左邻右舍做证。李崇让双方与小孩隔离了数日，而后忽然派狱史向双方报信："小孩已经暴病而死，可领回去埋葬。"苟泰闻讯，悲痛欲绝，赵奉伯感慨不已，却无伤心之容色。李崇当机立断，将小孩归还给苟泰，赵奉伯认罪服法。

　　与"李崇还儿"类似的故事，在著名元曲《包待制智勘灰阑记》中也得到出色的演绎。富翁马均卿娶妾张海棠，生一子。马妻与州衙的赵令史有奸，合谋毒死亲夫，反诬海棠，并诈称海棠所生的儿子是她的儿子，以图取得财产继承权。海棠被判死罪。后开封府尹包拯推详案情，亲自审问，用石灰在孩子周围画个圆圈（即"灰阑"），令马妻和海棠各执孩子一手，谁能把孩子拽出来，谁就是他的生母。海棠唯恐伤害儿子，不肯用力；马妻却使劲拉扯，将孩子拽了出来。包拯由此辨明了是非，昭雪了冤狱。

晚明余象斗的《皇明诸司公案传·卷五争占类》中也有与"李崇还儿"相似的"李太守判争儿子"的故事。扬州府小民勾泰家境富裕，四十岁时才得一儿子，小名一郎。三岁时一郎为人贩子所拐卖，卖给了富户赵奉伯。一年多以后，勾泰到城外去收租，恰好路过赵奉伯家门口，发现了自己的儿子。勾泰直奔府衙告状，赵奉伯随即收买邻居作证，也到府衙申诉。知府李崇接了状子，随即升堂问案，二人言之凿凿，都说一郎是自己儿子。李知府无从判断，心生一计，将二人关押七天后，告诉他们一郎不幸病死，从而通过二人的反应判断一郎是谁的儿子。

余象斗《皇明诸司公案传》的故事中，并没有记载人贩子的结局。虽然一郎找回来了，但扬善不惩恶，于读者而言，难免会感到遗憾。所以，漫画中的这个案例可能是出自清代的刑狱公案故事，因为随着时代的发展，故事中的一些细节也更真实化了，如出现了县令张肯堂。

张肯堂，字载宁，南直隶松江府华亭县人，明熹宗天启五年进士，授北直隶大名府浚县知县，崇祯七年擢御史。历史上，张肯堂以他在浚县任上裁决的大小案件的判牍，汇编成《嵒辞》。该书序言中写道："诛不仁如鹰鹯逐鸟雀。"这句话出自《左传》记载的"子产问政"的故事：

晋国的程郑死了，郑国的执政者子产才了解了郑国大夫然明的料事如神和智慧，就向然明请教如何施行政事。然明对他说："对待人民像对待自己的孩子一样。发现不讲仁义的人，就诛罚他，像鹰鹯一类凶猛的鸟捕捉小鸟雀那样。"

赏善罚恶的主张显然更符合读者的期待。不过《谳辞》这类的书放到现在就是法官的判决书合集，中国裁判文书网上有很多判决书，但去翻看的人并不多，古人其实也是如此，因此《谳辞》流传范围也不会很广。那么，张肯堂又是如何成为故事中的"青天"的呢？这与晚明印刷业繁荣有很大关系。

晚明的书坊非常兴旺，尤其是江南。江南本来就是工商聚集之地，市民阶层初步形成，又多文人墨客，连带着印刷业也跟着发展起来。江南一些大城市有专门的图书铺子一条街，里面不仅有坐商，还有走门串巷的书客。

这些明代书商有点像现在的网文写手，他们深知写严肃文学是没人看的，要写爽文才能吸引读者。万历二十二年（1594），有一个作者叫安遇时，通过与耕堂出了本叫《包龙图判百家公案》的公案小说，销量不错。书商余象斗看它成了畅销书，找人搬来了刑部和各地衙门的卷宗，拼凑出《皇明诸司廉明奇判公案传》。因为赶时间，有些故事内容只是把判词、诉状往那儿一放，但当时正流行公案小说，读者对此也照单全收，因而此书也销量大好。

在这种情况下，《谳辞》作为公开刻印的官方判牍，自然成了书商们借鉴、改编的对象。于是，张肯堂也就成了明清公案话本中的"青天"之一。官官翻遍《谳辞》全书，也没有翻到漫画中的这个案子，倒是翻到了一个案子，其当事人是个农民，叫牛化腾，牛化腾的儿子牛三羊偷吃邻居园子里的瓜……

可见，漫画中的这个故事或许是历代话本加上晚明的判牍糅合而成的，不能说它来自历史文本，但它反映了明清百姓对于公正审判拐卖妇女儿童的案子的心理期待，这也是一种历史真实。

黄让

土匪不能不剿，掘坟之仇
不可不报

在明朝嘉靖年间，有一个人叫黄让，生活在如今的广东河源山区。

黄让家境不算穷困，他自己还颇有些学识，但在他十六岁的时候，家中遭遇不幸，父母接连去世，黄让悲痛欲绝，在坟前守了三年。

雷猴（你好）啊！

我不讲粤语，讲客家话！

护史官

黄让

丧不过三年，我就按最高规格来吧。

这样的人肯定会成为好丈夫。

庐墓三年后，黄让的生活回到了正轨，娶了老婆，还生了两个胖儿子。此时的他并不知道，命运的玩笑正从他家附近的大山中，一步步向他袭来。

在明代的广东，有两件令朝廷极为头疼的事情。

一个两个都是养，再来一个又何妨。

有大儿子黄启愚，二儿子黄启鲁还不够啊？

① 倭寇海盗

叩泥鸡娃（日语"你好"的谐音），银子给我一下！

临时设个收费点，走过路过的请配合。

② 山匪

为了防止倭寇搅扰作乱，自明太祖以来，明廷就一直在实行海禁。

而山匪问题则比倭寇问题更复杂，它是在特殊的时代背景下产生的。明朝银本位经济形成，白银需求量大，而广东中部山区银、铁等矿产资源丰富，于是出现了一大批矿盗。

直到有一天——

抢不到矿石去倒卖的矿盗失去了得利渠道，他们本就是非法团体，于是干脆啸聚山林，做起了没本钱的买卖，部分失业的人也纷纷加入，广东山区的山匪就越来越多。

山匪啸聚山林时，打劫方法主要有三种：

① 劫道

此树是我栽，此路是我开！

② 绑架

让你家人拿银子来赎！

③ 掘坟

等你后人给钱，再给你埋回去。

而倒霉蛋黄让，就体验了山匪提供的一条龙服务。最开始，是他的兄长被山匪绑架了。

接着，山匪叶千掘开了黄让父母的坟茔，用尸骨要挟黄让，索取一千金。

很快，黄让的大儿子黄启愚、二儿子黄启鲁听到了消息，他们十分焦急，第一反应就是去亲戚家筹钱救人。

没有借到钱，二儿子黄启鲁就跑到山寨，用自己去换老爹黄让，让黄让回家拿着地契去卖田。

此树是我栽，此路是我开！

黄让被放了后，心急如焚，急忙回家筹款，谁知在下山路上被另外一个寨子的土匪拦住了。

黄让

由于黄让久久不来赎人，山匪叶千怒从心头起，用绳子拴住黄启鲁的脚踝，将他倒挂起来折磨。

山匪叶千不知道，黄让就在同一座大山的另一个山寨中。

不久，整座大山的山匪们，都听见了凄惨而响亮的哭喊声。当他们走出去看时，发现一个少年正在月光之下恸哭不已。原来黄让的大儿子黄启愚，看到父亲和弟弟都没回来，就找上山来了。

凄惨的哭声日夜以继，山匪们受不了了，将黄让和黄启鲁父子放回了家。

事情似乎已经过去了，但黄氏父子却不这么想。

当时，朝廷为了治理广东地区肆虐的倭寇与山匪，任命抗倭将领吴桂芳为兵部右侍郎兼右佥都御史，提督两广军务兼理巡抚。黄让看准时机，想办法见到了吴桂芳，献上剿匪策略。

这番话说动了吴桂芳，吴桂芳就在上疏时提到了这件事，可是并没有得到重视。直到近十年后，广东的山匪问题才得到了朝廷的重视。

终于，在明穆宗隆庆三年（1569），朝廷置永安县（今广东河源市紫金县），而献策有功的黄让，成了管理修筑县城事务的巡方官。

在黄让的主持下，县城修筑工作开展得十分顺利。黄让也深得上官赏识，很快便得到一个带兵的机会。

　　黄让这些年来，学了不少御兵之策。在黄让父子三人的带领下，这批乡兵很快便打出了名声。

　　第一年攻破琴江贼寇刘汉江，第二年剿灭山贼苏允山，可惜的是，黄让的大儿子黄启愚在这场战斗中牺牲。

193

丧子之痛并没有让黄让打退堂鼓，他对剿匪这件事更加执着了。黄启愚死后第二年，黄让主动散尽家财，与黄启鲁召集了上百死士，投入了监军道顾养谦麾下。

在顾养谦的部署下，黄让跟着当时的永安知县陈中立剿匪。陈中立抚剿并用，干掉了不少土匪。

但是这么多山匪里，总有硬茬子。

在围剿江万松时，官兵与其对峙了七天。为了打破僵局，黄让孤身一人走进了江万松的贼窝，不出意料地，他被群匪绑了起来，变成了俘虏。对此，匪首江万松很疑惑，毕竟他知道黄让是官兵头目之一。

与此同时，黄启鲁带兵从山寨前门攻了进去，山匪被打得乱成一团，黄让也被黄启鲁带着兵士趁机救下，但儿子黄启鲁在战斗中牺牲了。

虽然两个儿子接连战死，但是黄让的脚步迈得更坚定了。在黄启鲁死后，黄让又接连创造奇迹，他带兵生擒山匪150人，说服了4个山寨的山匪，投降的山匪达到1748人，堪称"永安小战神"，最终帮助官兵荡平了当地山匪，包括当初绑架黄让和掘黄家坟墓的那几拨土匪。

＊原为美国电视剧《权力的游戏》中的人物，因其只会说"Hodor"（hold the door，守住门），人们便用"阿多"称呼他，此处用来表示守住山门。

按理说，黄让的官途不可限量，然而每当上面有封赏下来，黄让都一口拒绝。

报仇雪恨后的黄让辞官归隐，深藏功与名，活到了八十一岁才去世。他们父子三人为报挖祖坟之仇而灭光山匪的光辉往事，在当地人口中广为流传。

编后语

　　黄让的事迹在《广东新语》《广东通志》等文献中都有记载，在一些细节上有所出入，但故事大体相同，黄让和两个儿子，则被称为"一门三孝"。

　　在今天看来，长辈坟墓被挖固然是一件令人愤怒的事情，但这种愤怒与鲜活的生命相比，却完全不等价。如今人文思潮兴盛，人们认同每一个个体都应当被尊重，因此，为了上一代牺牲个人幸福乃至生命，并不符合当今大多数人的价值观。

　　在今人眼中，孝更多体现为对父母的关爱、照顾，这是发乎内心的。在人格上说，父母与子女是平等的；从权利上说，子女成年以后，就成了一位独立的公民，而非父母的附属品。我们可能会为长辈奉献，但这种奉献需要在合理的限度之内。

　　然而在古代，出于封建统治的需要，为了维护孝道、贞节、忠义而不计代价的案例被作为典型宣传：《晋书》中有卧冰求鲤的传说，为了让母亲吃到鱼，儿子不惜用体温融化冰面，这是不惜牺牲自己的健康；《艺文类聚》中有戏彩娱亲的故事，为了让父母发笑，老莱子即使已经年过七十、受人尊敬，可他依然常常穿花衣，效仿婴儿扮丑撒娇，这是不惜牺牲自己的尊严。虽然如今也有人偶尔扮丑来逗亲人开心，但如果将这种怪异的打扮和举动变为常态，在今天看来，显然超过了界限。

古人并不仅仅将孝作为一种道德标准。一方面，孝的实现往往伴随着儿女的自我牺牲；另一方面，孝也与天人感应相结合，因此出现了无数因为至孝感动上天的传闻。

唐代《十二真君传》中的两则记载很能说明问题：

第一则关于一位叫吴猛的神人，他的事迹早在晋代就已有记载，据说他因为孝顺得到了仙人青睐，习得神奇法术，可以令风停止。而《十二真君传》中则详细描写了吴猛孝顺的案例，说儿时的吴猛，夏天在家里被蚊子叮，从来都是忍着，因为他认为如果将蚊子赶走，那自己的父母就会被蚊子叮，自己是在代替父母被蚊子叮。

第二则关于曲阜的兰公，据说兰公非常孝顺，感动了上天，仙人亲自下凡点拨，并表示：孝在天上传播，可以令日月大放光明；在地上传播，可以令万物滋生；在民间传播，天下就可以施行王道（夫孝至于天，日月为之明；孝至于地，万物为之生；孝至于民，王道为之成）。这可以显示出，在作者看来，孝不仅是一种人类的行为准则，甚至成了宇宙运行规律。

而在明代，虽然朱元璋曾对"为孝自残"的做法加以抨击，但由于"明刑弼教"的影响，三纲五常不仅存在于人们心里，还被写入了法律。朱元璋在《御制大诰续编》中就曾写明，侍奉父母要"冬温、夏清、晨省、昏定"；父母有命，如果合于礼法，就要立刻执行，如果不合礼法，那就要"哀告于再三"；父母已成的家业要守护，父母未成的家业，子女就有义务替他们完成。

这些规定和教化，使得在明清时期，孝道对人的束缚越来越沉重，典型案例也越来越极端，而如今人们常说的"不要将自己的梦想强加在孩子身上"等言论，放在明代，是相当叛逆的。

本期所讲的"一门三孝"就是明代的孝顺典范，为了换父母尸骨，黄让一个大活人甘当人质；后来黄让带着儿子与匪徒长期战斗，并非为了百姓，也不是为了正义，而是为了报掘坟之仇，成全自己的孝——而这在当时，甚至已经算是较为温和的案例了。

极端的案例是极为血腥的，清初的《广东新语》中就曾记载：清兵将新会县围困时，城中粮尽，守城士兵开始杀百姓，吃人肉充饥，而这时出现了一批女子，她们自愿为自己的公婆、父母、丈夫而死，希望士兵放过公婆、父母、丈夫，改为吃掉她们，甚至还有女子用"妾幸膏腴"等言语，来给自己"打广告"。

而对于这种极端的"孝"，作者屈大均认为非常可贵，是"孝烈"，并赋诗一首，现摘录在此，作为结尾：

可怜窈窕三罗敷，肌如冰雪颜如荼。
再拜乞充君庖厨，解妆请代姑与夫。
妾年尚少甘且脆，姑与夫老肉不如。
请君先割妾膏腴，味香不负君刀殳。
食之若厌饫，愿还妾头颅。
姑老夫无子，妾命敢踟蹰。
有女年十余，缇萦亦不殊。
哀求赴汤镬，保父千金躯。

沈炼

文武双全，力斗严嵩：
埋骨荒外的锦衣卫斗士

有部武侠电影叫《绣春刀Ⅱ：修罗战场》。该片讲述了明天启七年（1627），锦衣卫沈炼在追查案件的过程中身陷阴谋，为了证明自己的清白，与少女北斋、同僚裴纶协力查明真相的故事。

沈炼这个人物并非完全虚构，历史上实有其人，那就是明嘉靖年间锦衣卫经历沈炼（鍊），因力斗权倾天下的内阁首辅严嵩，为此埋骨荒外。

这是一个什么样的世道？我们要换个活法。

锦衣卫经历 沈炼

长大了像于少保一样，以身报国。

沈炼之父沈璧

沈炼

据《青霞年谱》载，沈炼生于正德二年（1507）丁卯，字纯甫，号青霞，会稽（在今浙江绍兴市）东郭里人。

沈炼的祖籍是浙江丽水，祖上跟随朱元璋起兵，被编为绍兴卫人。卫户（也称军户）为世袭，除非丁尽户绝或皇帝将其免除，否则是无法除籍的，因而至沈炼一代，仍是卫籍人士。

卫（5600人）

左千户所（1120人）　右千户所（1120人）　中千户所（1120人）　前千户所（1120人）　后千户所（1120人）

百户所（120人）

总旗（50人）

小旗（10人）

沈炼少时便"俊悟绝人，始龀（七八岁）读《易》，过目成诵"；十六岁时，进入府学读书；二十岁时，提学副使为沈炼的文章所震惊，说他异于常人且有气节，遂将其选拔为第一。

刚好王阳明（字伯安）回浙江讲学，

令人窒息的答案

沈炼从王阳明游，深受其心学影响，获王阳明"千里才"之赞。

越人向来有"文武相兼，道器并重"的传统，加之沈炼是卫籍，又深受王阳明影响，所以沈炼习文之余也练剑，自云"余亦沧江学剑人"。

青年沈炼

我的剑长四十米，你可以先跑个三十九米。

据《青霞年谱》记载，沈炼"拔剑起舞，有黄布如盖，从空飞来"，可见他的剑术还不错。

《侠客行》
自打盘古开天辟地，
侠行天下是礼是义？
不战而胜最是理想，
人在江湖身不由己。
除暴安良一身正气，
…………

沈炼极度爱剑，并把自己的行侠之意及报国之志融入其诗文当中。统计沈炼的《青霞集》，"剑"字出现一百一十一次，在《从军行》《出塞》等诗文中更频频出现。

铲史官你背错了，那是电视剧《武林外传》片尾曲。你先跑个39米吧。

《侠客行》
从来好游侠，宝剑不曾离。
白马驰长道，黄金报所知。
风流倾斗酒，调笑折花枝。
唯有燕云念，平生未肯移。

二十五岁时，沈炼考上举人。三十二岁时，得中嘉靖十七年（1538）戊戌科进士。查该科进士题名碑，沈炼位列三甲一百六十三名，同榜还有一名人——位列三甲一百八十八名的抗倭英雄胡宗宪。

来自嘉靖年间的微笑

考中进士后，沈炼任溧阳（今属江苏常州市）县令。溧阳靠近留都南京，为江南繁华之地。沈炼因"搏击豪强、卫赤子为急"，忤逆了御史，得调荏平（今属山东聊城市）令。

沈炼太狠了，吓得宝宝把大门漆成黑色了。

敢搞纳税大户赛万三？本官回头参沈炼一本，就说他鱼肉乡贤。

御史

江南富豪 赛万三

沈炼

???

父亲……

地处山东的荏平县要荒凉得多了，沈炼被调任到这里做县令，算是薄惩。不久，因为其父沈璧去世，沈炼回绍兴丁忧（子女回家居丧尽孝）。

回到老家的沈炼，和妻子徐氏的族弟徐文长等人创立了诗社，诗社的成员共十人，号称"越中十子"。

嘉靖二十二年（1543）越中十子合影留念

沈炼　徐文长

一日，沈炼、徐文长几人畅游镜湖，看到一女子骑马。沈炼即兴赋诗一首《六桥堤上看美人走马》，徐文长随即和诗《桃花堤上看美人走马·和青霞君》。

守孝三年后，沈炼补清丰（今河南濮阳市清丰县）县令，有惠民之誉。锦衣卫指挥同知（从三品）陆炳闻而贤之，请吏部调沈炼为锦衣卫经历。

传说，调到锦衣卫后，某天沈炼在庭院中自斟自饮，一个道士走进来，送了他一把"上方斩马剑"，说此剑可以除掉皇帝身边的佞臣。

　　经过一段时间的考察，陆炳更加欣赏沈炼了，经常带他结交大臣。有一次，陆炳和沈炼去严嵩家里喝酒，严嵩的儿子严世蕃给客人灌酒，沈炼看不惯，反灌严世蕃。

记仇

陆炳之母是嘉靖的乳母，陆炳又从大火中救出过嘉靖，沈炼是陆炳的人，所以严世蕃不敢当场发作，但两人从此结仇。

　　嘉靖二十九年（1550），俺答（蒙古右翼土默特部首领）率军进犯大同，一路杀到了孤山（在今北京通州区），史称"庚戌之变"。

当时京师戒严，沈炼力劝陆炳别全关了城门，否则百姓无归。陆炳言于嘉靖，嘉靖许之。几万百姓因此得救，没有被俺答掳走。

兵临城下，是战是和，嘉靖召集群臣讨论。众臣多认同议和，答应俺答的求贡要求，就在这时，赵贞吉说了一句话：

赵贞吉这么一说，大家都不敢附和，唯有沈炼站了出来，力挺赵贞吉。吏部尚书夏邦谟呵斥沈炼"小吏居然妄言军机之事"，被沈炼撑回去了。

"主辱臣死"四字让群臣都不敢说议和了，"城下之盟"四字也让嘉靖不敢谈议和了，最后在礼部尚书徐阶的调停之下，嘉靖决定先战后和。一个月后，俺答退兵。

嘉靖听了都想打人

身手矫健地一路小跑过来

庚戌之变结束了，但明世宗认为此乃奇耻大辱，下令加强北部边防。当时，严嵩被皇上贵宠而当权，边臣竞相贿赂他。打了败仗，那些官员更是疯狂地贿赂严嵩，以求严嵩帮忙掩盖失职之罪。

因为在锦衣卫，沈炼很清楚严嵩受贿的情况。于是他上疏细数严嵩十条罪名，要求罢免严嵩以谢天下。

啪！

奏疏 →

沈炼

城市套路深，沈炼你回农村！

啪！

嘉靖看到沈炼的奏折后大怒，认为这是小吏妄论阁臣，将他拷打数十棍，贬谪到保安（今河北张家口市涿鹿县）去种田了。

嘉靖看了摔奏疏

啪！

啪！

啪！

啪！

这是传说中的打马赛克？

马赛克

沈炼到保安后，连住的地方都没有。保安人听说他是因为骂严嵩而获罪后，非常佩服，不但给沈炼房子住，还天天给他送柴送米。沈炼便教他们的子弟读书。

沈大人为何落到这种地步？

因为骂严嵩，被皇上贬到这里了。

公道自在人心。

你说出了宇宙真理。赞！

保安百姓

沈炼

儿子，我好像听到有人在骂我。是我幻听了吗？

咱俩听到了。

我好像也听到了，我也幻听了？

严世蕃

严嵩

保安人一向忠厚直爽，又熟知严嵩的奸恶，所以大家争着骂严嵩来讨沈炼的高兴。沈炼大喜，天天和他们一起骂严嵩父子。

沈炼还扎了三个稻草人，分别代表李林甫、秦桧和严嵩，喝了酒，他就带领保安的年轻子弟练习射箭。

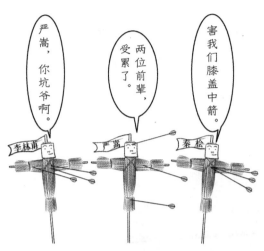

有时候，沈炼会骑马越过居庸关口，伸手指向南方骂严嵩一顿，再痛哭一场才回来。这些话逐渐传到京师，严嵩于是更加痛恨沈炼，并想着如何报复沈炼。

有一次俺答率军来犯，破应州四十多堡。宣大总督杨顺居然杀良冒功，掩盖败绩。沈炼听说后，作文悼念无辜，言辞间更满是对杨顺的讽刺。

杨顺大怒之后，让亲信找到严嵩的儿子严世蕃，说沈炼暗中训练死士，击剑习射，准备暗杀严嵩。严世蕃将这事交给巡按御史路楷，让他和杨顺一起杀掉沈炼，并承诺事后必有厚报。

路楷和杨顺两人日夜谋图如何解决沈炼，正好蔚州（今河北张家口市蔚县）有白莲教教徒起义，官军捕获了很多教徒，此事牵连了很多人。

杨顺诬蔑白莲教徒等人师事沈炼，听从沈炼指挥，并把据以定罪的案卷上交，严嵩父子大喜。前总督许论当时正执掌兵部，竟同意了杨顺和路楷的奏报*。

*许论任宣大总督时，曾杀害良民冒功，沈炼听说此事后，写文章讥讽许论。此外，严嵩曾把持吏部和兵部，彼时，兵部尚书许论唯严嵩马首是瞻。

嘉靖三十六年（1557），在杨顺的重兵防范之下，沈炼被斩于宣府街市，死前曰：

沈炼死后，严嵩给予杨顺一子锦衣千户之位，让路楷等人待选五品卿寺。杨顺觉得严嵩薄赏了他，认为严嵩是对沈炼的处理结果还不满意，于是又杖杀了沈炼的次子和三子。

善恶终有报，天道好轮回。后来杨顺事发被下狱，严世蕃也被徐阶设局，以勾结外番意图谋反之罪被判处死刑。严世蕃临刑之际，沈炼所教的保安弟子，用锦帛写上沈炼的姓名、官爵，持举入市，看严世蕃断头。

沈炼死后过了九年，一个和沈炼一样崇尚心学的海南人，抬着棺材，沿着沈炼没有走完的路，上"直言天下第一事疏"：

最后来个彩蛋，给沈炼完全平反的是天启哟，所以大家就别"黑"木匠哥哥了。

天启

　　说起沈炼，就绕不开锦衣卫。自从朱元璋创立了锦衣卫，有明一代，除了建文朝，历朝皆有。在洪武初年，锦衣卫大概就一千多人，到了正德年间已经有好几万人了。

　　锦衣卫可以"恩荫寄禄"，也就是安置官僚子弟的铁饭碗，而且还"无常员"，所以即便锦衣卫下辖十七个千户所（一个所的正常人员数量是一千一百二十人），到了明朝中后期，锦衣卫的人数也经常超额，嘉靖初年甚至一次革除了三万余名锦衣卫。

　　并非所有的锦衣卫都是"特务"，锦衣卫的机构中只有北镇抚司才有侦缉权，其麾下的缇骑才算"特务"。北镇抚司到底有多少"缇骑"，我们并没有在史料中查到确切的数据。王世贞的《锦衣志》中隐约提到，明宪宗成化年间，锦衣卫的缇骑约有三百人，大概占锦衣卫总人数的5‰。

　　后世所说的锦衣卫，一般是特指锦衣卫中的北镇抚司。

　　吴晗的《明代的锦衣卫和东西厂》（《大公报·史地周刊》第13期1934年12月14日）是近代较早讨论锦衣卫的文章，文章提出锦衣卫是明朝皇帝用来制造恐怖气氛的组织。

　　随后，吕思勉在其1939年完稿的《中国通史》中也对锦衣卫的侦缉、刑讯职能做出了反面评价，认为"司法事务，最忌令军政机关参预"。联系1938年"军统"成立这一事件，吕思勉的论断似乎有较强的现实关怀。

20世纪40年代以后，史学界对锦衣卫的评价出现了一边倒的现象——都是将锦衣卫定位成作恶多端的特务机关，此后关于锦衣卫的研究也基本在这一"影射多于实证"的研究框架内。

早在吴晗之前，学者孟森在《明史讲义》中则对锦衣卫有过另外一种评价。孟森认为锦衣卫之制是效仿古司隶校尉、执金吾等官，"皆凌蔑贵显有力之家，平民非其所屑措意"，所以应该将锦衣卫的侦缉的行为和审讯的行为（锦衣卫狱）分开来看，前者是皇权绕开官员来制衡官员的权力的举措，这个没有问题；后者以军政代替司法，这个是弊政。

相较于吴晗、吕思勉的评价，孟森的论断较为公允。可惜，20世纪40年代以来，对锦衣卫的研究就深受影射史学的影响，实证研究并不多，诸如北镇抚司的人员架构，北镇抚司抓了哪些人、办了哪些案子、冤案比率是多少，北镇抚司除了侦缉权外还有哪些其他的职能等问题，较少有人研究。

锦衣卫就说到这里了，我们回到沈炼。

关于沈炼的官方史料，即《明史》中的列传，文字并不多，好在明代的笔记不少，沈炼的大部分诗文也得以留传后世。我们可以借此一窥沈炼这一个七品官（锦衣卫经历），为什么会和严嵩这个一品大员（内阁首辅、太子太师）过不去。

沈炼卫籍出身，又是越中人士，家庭和乡土环境养成了他的刚烈性格，徐渭将他比成"祢衡"（沈炼死后，徐渭编写了杂剧《狂鼓吏渔阳三弄》），由此可知沈炼狷介的一面。

除了客观环境，王阳明对沈炼应该也有很大的影响。明朝官学的教育内容主要是程朱理学，程朱理学本身是一门大学问，可惜很多士人只是用它来做敲门砖，学"程朱"讲"程朱"，做人却很不"程朱"。这是典型的知行分裂。

王阳明的人生实践与心学理论，在一定程度上给坚持理想主义的士人指明了出路：判断人生价值的标准既不是朝廷的褒奖或贬斥，也不是先圣的经书与格言，更不是世俗的诋毁与赞誉，这个标准就在你自己的心中。这或许是沈炼挑战严嵩的深层原因。

从沈炼的《青霞集》中可知，沈炼工于诗、书、画，剑法亦有一定的造诣。沈炼的诗清疏雅正，有较纯的诗学功底，《皇明诗选》引陈子龙语，赞沈炼的诗说"青霞快男子，诗亦俊爽"；沈炼的书法细笔疾行，空灵疏淡中带有温润的君子气息，罗振玉曾收藏过沈炼的书法作品。

最后，我们说说电影《绣春刀Ⅱ：修罗战场》。

《绣春刀Ⅱ：修罗战场》延续了吴晗、吕思勉的框架，认为锦衣卫是个为朝廷刺探消息的特务组织，对锦衣卫进行了讽刺，比如电影中，女主角北斋以绘画的方式讥讽朝廷任用宦人。

其实，单纯的因言获罪的情况在明朝并不多，即便是在洪武朝，更多的是因为政治牵连（详见陈学霖的《徐一夔刑死辩诬兼论洪武文字狱案》）。明朝言论最紧的时期是张居正主政的十年，泰州王门的何心隐因讲学被杀。然而，杀何心隐的不是锦衣卫，而是湖广巡抚王之垣。

为什么很多武侠电影喜欢以明朝为背景？20世纪六七十年代，拍过《侠女》《龙门客栈》的著名导演胡金铨先生说："明成祖在位的时代，宦官控制着一个称为'东厂'的秘密警察组织，以思想调查为名，压迫知识分子，专横跋扈，跟敌对派发生了激烈的斗争，结果成为了明朝灭亡的原因之一。"

显然，胡金铨是有所指的。不过，这多少有些侮慢了历史，轻薄了现实。

潘天成

亲人离散，流落他乡：
一个普通少年的寻亲路

明末清初时期，在江苏溧阳县，有一户潘姓人家。潘家的老爷子叫潘业儒，年轻时候曾护送过明末的"后七君子"之一的周顺昌。

三十功名淹海国，
百年心事吊荒台。

周顺昌

你不知道世上还有不怕死的男子汉吗？
回去告诉魏忠贤，我是原吏部郎中周顺昌！

那是天启朝的事，周顺昌因为得罪了权宦魏忠贤，被东厂从苏州逮捕后押送进京。

潘业儒从江苏境内开始随行照顾周顺昌，将周顺昌一路护送到河北保定的白沟河一带。有熟人来接力照顾后，他才返回故里。

古代从南走到北需要一笔不小的花销。由此可知，潘家在溧阳当地还是略有薄产。

到了康熙年间，潘业儒已经去世了，他的两个儿子继承了家业。

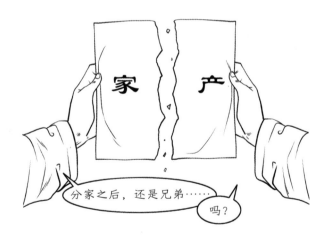

潘业儒的二儿子叫潘朴愿，虽然没有考取功名，但娶妻生子，耕读传家，日子过得也算宁静安乐。

父慈子笑孝

　　有一次，潘朴愿收租回来，对家人说起老佃农的艰辛，不禁感慨不已。

　　潘朴愿的儿子潘天成此时年方六岁，宅心仁厚，听了老佃农的事后，晚上辗转反侧，彻夜未眠。

潘天成的幼年，在平安喜乐中度过，这一时期孝亲、入学，与同时代的常人无异。

天有不测风云，康熙三年（1664），潘家被当地的一个官宦之家陷害，卷入一起人命案中，这件事打破了潘天成十一年来的平静生活。

为避仇怨，潘天成一家五口被迫搬到荆溪（在今江苏宜兴市）。年少的潘天成十分愤怒，忍不住撂了几句狠话。

两年后，构陷潘家的官宦又把潘家从荆溪赶走。为了永除后患，官宦甚至派人将十三岁的潘天成骗到山中的深谷里，准备将他杀了喂狼。

幸好杀手还有几分良知，不但将实情相告，还把潘天成给放了，让他远走高飞。

命是保住了，但潘天成也和家人失散了。

从深山里走出来的潘天成——这个十三岁的少年，举目不见亲，又不敢回村里，只能夜里哭完了，白天接着哭。

心态崩了

目前摆在潘天成面前的只有两条路：一是等死，二是想方设法活下去。

据《清史稿·孝义二》载，他选择了第二条路——不但要活下去，还要找到失散的家人。

清史稿·孝义一

天成行乞，几为仇所毙。既得免，乃行求父母。

欲知后事如何，请听下回分解。

下回干吗？现在就讲！

好吧，好吧。或许是苦难让人成长，在那一刻，他长大了；或许是从小读书，古籍经典给了他内在的力量，《易》曰："天行健，君子以自强不息。"

在清代，绝大部分人生活在以村子为中心，半径五公里的范围内。

平时，大家交通基本靠走，通信基本靠吼，治安基本靠狗。

???

喜欢的狗不出现，出现的狗不喜欢。

该上路了……

潘天成

大海

溧阳

我现在所在的位置

漫无目的地寻亲，无疑是大海捞针。潘天成做出了一个基本判断：往北是老家溧阳，一直往东走将会是大海，亲人避仇，离故乡越远越好。他决定往西进入安徽境内。

就这样，潘天成一路寻访。每到一个村子，他就摇着"鼗"（拨浪鼓）用溧阳话喊"算命"。

原来他觉得山长水远，不知何时才能找到家人，自己又别无所长，十四岁时，他尝试用《易》来谋生。

开始寻亲的那一年冬天，潘天成走到了池州青阳县（今安徽池州市青阳县）白沙岭，没有地方歇脚，他便睡在一座破庙的梁上，避免虎狼进来把自己叼走。

睡着前，想起这大半年的坎坷，他念了几句诗：

皇天不负苦心人，在池州的一个村子里，潘天成终于打听到了父母弟妹的消息。老家溧阳的方言与池州方言有差别，所以在池州，父母弟妹的口音特征还是非常明显的。

可惜，等到潘天成寻访过去后，亲人已经搬走了。慈爱的母亲，活泼可爱的弟弟和妹妹，热腾腾可口的饭菜，能够放松地入睡的夜晚……这一切又成空了。

不过也不是没有收获。这表明家人一直在往西南逃，只要朝着西南方向走，就有希望找到。

寻访到安徽宣城时，潘天成听说宣城有个"神算子"梅文鼎，便去拜访他。梅文鼎通天文历算，懂解方程、三角函数和对数。

史料没有记载梅文鼎和潘天成谈了什么，但梅文鼎应该会感佩这个年轻人的心志。（20年后，梅文鼎在安庆设帐开馆，收了潘天成为受业弟子。）

告别梅文鼎后，潘天成继续寻找家人。

他有一种信念，家人一定在某个地方，望着他从远方走来——模糊的身影逐渐清晰，轮廓、身躯、脸庞，还有那饱含热泪但无比坚毅的双眼……

第二天……

在接下来的漫漫寻亲途中，潘天成几乎走遍了安徽，行程以万里计。秋风送稻浪，冬雪掩苍茫，从十三岁走到十五岁，他完成了一个人的长征。

终于有一天，在安徽和江西交界的一个地方，潘天成像往常一样，摇着拨浪鼓，喊着溧阳话，寻找着亲人。

众多围观的妇孺中，一张生出皱纹的美丽的面容映入他的眼帘——哀伤又欣喜，疲倦又神采奕奕。潘天成顿时变成一座静默的雕像。

潘天成的寻亲日常

周边的人听说了潘天成的寻亲之举，不论白发垂髫都前来探望，日以百计，无不为之泣下。

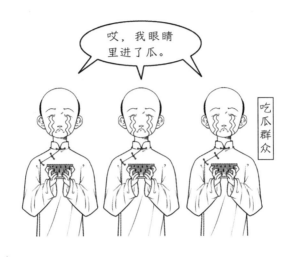

相聚后的一家人，除了温暖的相伴时光，并无其他。弟弟和妹妹年幼，父亲和母亲的身体也不好。

潘天成通过周密的计算，一家人返回故里，所需资财非"五十金"不可。

潘天成决定打短工挣钱，但收入只能养活家人。岁月不居，时节如流。转眼三年过去了。昔日的青涩少年也快到了弱冠之年。

在潘天成看不到归期的时候，两个富商无意中发现了他，并为他的经历所感动，赠金五十余。

至此，潘天成终于有能力带父母回家乡了。

潘天成让弟弟与父亲先起程，自己则带着母亲和妹妹慢慢走。时逢寒冬，途中若遇险阻或恶劣的天气，他便背着母亲抱着幼妹行走，皮肤皲裂流血，染红了白雪。

经过几个月的跋涉，一家人终于回到了老家溧阳。

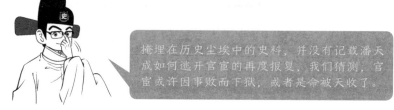

掩埋在历史尘埃中的史料，并没有记载潘天成如何逃开官宦的再度报复，我们猜测，官宦或许因事败而下狱，或者是命被天收了。

归乡后，潘天成以贩笔为业，奉养父母，抚育弟妹，还拜宜兴的儒者汤之锜为师，苦学不辍。

潘天成的父母经大难后，身体一直不好。他尽心奉养，却依然未能使父母身体有多少起色。在潘天成二十九岁左右，他的父母相继去世。

潘天成十分悲伤，他服丧六年，其间不食酒肉，常常彻夜不眠。他的老师听说后，便教导他说——

潘天成受教后猛醒，苦学立身，终成一时学人，留下《铁庐集》。虽然其文章不足以惊天地，但他那种君子自强不息的精神，却足以感动后世。

指天成算命点迷津

指天成点

铁庐集

潘天成寻亲一事，《清史稿·孝义二》有记载，全文不到四百字，把事情的经过简略记叙了一遍。《清史稿》的内容应该是取材于《溧阳县志》，相较而言，县志的内容更丰富一些。县志编修者，所参考的著述当是潘天成的《铁庐集》。

潘天成逝后遗有《铁庐集》三卷、《铁庐外集》二卷和《后录》一卷，后被收入乾隆年间编纂的《四库全书》中的"集部"（被收录的版本为江苏巡抚采进本）。在《铁庐集》卷首，有潘天成的弟子许重炎为其写的年谱。正是通过年谱，我们才能较为详细地了解潘天成的一生。

潘天成，字锡畴，溧阳人，"出自寒门，终身贫贱"。他的诗文直抒胸臆，文辞平俗。那么《四库全书》为什么还要收录他的文集？《钦定四库全书总目》中给出了理由——潘天成"天性真挚，人品高洁"，有点像古代那种独行者。提要撰写人进一步说明，此举是为了让天下人知道，教化的目的在于"敦伦纪，砺名节，正人心，厚风俗"。提要撰写人可能还考虑到了会有些文化人不服，于是又补充了一句，不要和那些"文青"（操觚之士）去争辩潘天成的文采优劣，也不要和那些"老学究"（讲学之儒）去扯谈潘天成文章水平的高低。

在中国古代，能够进入官方视野的正面人物，立功立德立言三者至少要居其一。潘天成的一生并无寸功，撰写的文章也是"不甚入格"；他的孝悌行为虽说有过人之处，但孝悌是出自人的本心，所以也谈不上有什么大德。

或许，《四库全书》的编纂者考虑更多的是"砥名节"这点。如何理解"砥名节"？以潘天成的家境和资质，他这一生很难有什么作为，事实上他也是一生平平，而"名节"往往是大人物才会在意的。对更多人来说，更应该考虑的问题或许是一个平凡的人该如何去安顿自己的一生？

潘天成选择了做好手头的每一件事情，三年如一日寻找亲人，贩笔奉养父母、抚育弟妹，闲暇之余读书明理。在明知自己不可能有大成的情况下，不激不随，凭着自己的本心去生活。这正是王阳明心学所主张的"人人皆可为尧舜"。读完《铁庐集·年谱》后，官官猜测潘天成或许与王阳明有某种隐秘的关联，后来看《钦定四库全书总目》，果然看到了这点——"天成学问，源出姚江"。姚江指代王阳明，王阳明是浙江余姚人，姚江学派的创始人。

潘天成这个小人物给后人的启示，就在于此。用罗曼·罗兰的话来说，世界上只有一种英雄主义，那就是看出世界的本来面目——并且去爱它。

曾静

反清大罪的反转：

雍正放过了他，乾隆却容不了他

清雍正六年（1728）九月二十六日中午，川陕总督岳钟琪在回府的路上，被人拦驾。

岳钟琪听对方把自己称为"天吏元帅"，感到有些不对，立即令手下把送信的人看押起来，自己则赶回衙门把信拆开仔细阅读。细细读完，岳钟琪不禁失色。信中主要说了三点——

1．指斥当今皇上雍正帝犯有十大罪状：

谋父、逼母、弑兄、屠弟、贪财、好杀、酗酒、淫色、怀疑诛忠、好谀任佞。

2.主张华夷之辨，认为清朝是"夷狄"建立的政权，不是华夏正统，天下百姓应该起兵反抗。

3.劝岳钟琪造反。信中历数雍正继位以来南方发生的天灾，百姓无以为生，表示反清的时机成熟了。

信落款"南海无主游民夏靓遣徒张倬上书"。"夏靓"

和"张倬"这一对师徒，为什么会找到封疆大吏岳钟琪呢？那是因为岳钟琪身为川陕总督，手握重兵，更重要的是，民间相传岳钟琪是抗金名将岳飞的后裔，清廷对他猜忌颇深。

尽管岳钟琪深得雍正信任，但自己被民间当作一面反清旗帜，本已是他的一块心病，这封策反信更是令他头痛不已。岳钟琪决定亲自审问"张倬"。在严刑拷打之下，"张倬"几次昏死过去，但就是不肯说出实情。

257

万般无奈之下，岳钟琪上书雍正，禀报事情的来龙去脉，并设法诱出幕后主使。于是，岳钟琪在"张倬"面前做戏，甚至答应起兵反清。

"张倬"以为岳钟琪为大义所动，便将事情的本末据实相告。原来送信人"张倬"真名叫张熙，指使他的老师"夏靓"叫曾静。曾静是湖南永兴县人，一个以教书为业的乡下生员（俗称秀才），偶然读到江南大儒吕留良的书后，悟到了"夷夏之大防"，便派张熙送信劝岳钟琪起事。

套出张熙的秘密后，岳钟琪立即将此案涉及的曾静等十余个人的信息，以及吕留良家藏反书的情况密报给雍正。雍正褒奖岳钟琪为"朕股肱心臂之大臣"，除此之外，他关注的重点是，谁在民间散播他"弑父诛兄"的谣言?!搞不好是他的八弟——"阿其那"（允禩）。

于是雍正下旨，让湖南巡抚想尽一切办法追查谣言的源头，同时让他派人把曾静押到京城，由雍正来亲自"料理"。

曾静到京城刑部大牢后，雍正下令不要对他动刑，要让他吃好喝好睡好。曾静以为自己必死无疑，这些不过是凌迟前的"最后的温暖"。

谁知道雍正并不着急杀曾静，而是想先把两件事搞清楚：一是谁在民间传谣他有十大罪状，二是曾静谋逆的真正动机是什么。

以皇帝之尊审讯犯人亘古罕有，曾静身为一乡村学究能与雍正对话，是否引起了群臣的羡慕和妒忌不得而知，但曾静的遭遇或许让雍正生出了怜惜之情。

曾静，康熙十八年（1679）生，湖南省永兴县石枧村人，村子附近住着不少苗人。曾静幼年丧父，家中只有老母、妻子陈氏，以及几个小孩。其妻兄因穷困迁往四川谋生。

曾静一家子

曾静中过秀才，平时以教书为业，但雍正三年（1725）因岁考被列为五等，而被褫夺了生员的头衔。

就在这一年的岁考时，曾静买了一些吕留良的著作，对吕留良关于井田制的论述

本来想期末考试后能咸鱼翻身，哪知道粘锅了。

非常钦服。他因为生活困苦，对土田尽为富户所占导致分配不均的问题非常不满。

封建井田之废，势也，非理也；乱也，非治也。后世君相因循苟且，以养成其私利之心，故不能复返三代。

吕晚村先生四书讲义

在读书人的身份被剥夺后，曾静无以谋生，不得已迁往四川（清代的湖广填四川是一次大规模的移民活动）。在行至长沙时，他无意中看到了官府的告示，告示说有祥瑞之兆——"五星连珠"出现。

至此，曾静对朝廷还没有完全丧失希望。《史记·天官书》上说，"五星分天之中，积于东方，中国利"。曾静由此认为天下有圣王出，清廷将会进行一系列改制，尤其是实行他梦寐以求的井田制。

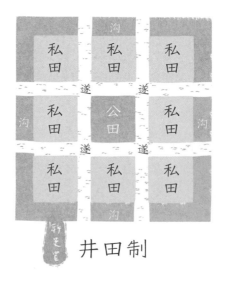

井田制

既然井田制得以恢复，天下无处不乐土，自己又何须千里迢迢奔赴四川开辟新土？于是曾静便返回了老家。但是接下来这一年，曾静始终未见清廷有何动静，而洞庭湖的水灾又使他无以度日，加上时疫流行，他想"天心"大概要变了。

这日子是人过的吗？要变天了。

所以到了雍正五年（1727），曾静对五星连珠的天象有了新的解释：天下必有圣王出，这个是无疑问的，但这个圣王不是雍正。在曾静看来，雍正谋父、逼母、弑兄、屠弟，可以说是禽兽不如，连人都算不上，怎么能说是圣？

　　曾静的嫂嫂曾经夸他有"宰相之量"，曾静也觉得自己应该辅佐"圣王"，恢复井田制，让天下耕者有其田。是以，就有了开头张熙给岳钟琪上书的一幕。当然，曾静拉岳钟琪起事的理由换成了"夷夏之大防"。

雍正弄清楚曾静的心路历程后，或许会生发思考——曾静未曾受到他同乡先贤王夫之的影响，而是受到远在千里之外的浙江的吕留良的鼓动，可见江南在政治上和地理上

的文化辐射力。在当时，江南文化具有居高临下的优越感。

天子和反贼在这一刻居然是平等的。雍正决定和曾静展开一场"辩论"。于是他写了37道问题，由刑部侍郎代为提问，让曾静作答。

这37道问题主要可以分为7类：

① 关于清廷的合法性

逆天者亡，顺天者昌。我大清创业于东北，几代人承袭帝位，保护天下的安定，得到了上天的厚爱和百姓尊重，已经有一百多年了。

为什么要颠覆大明？

这是流寇李自成干的，大清恰恰是为庄烈帝复仇啊。

李自成是谁？

真是没文化的南蛮……

② 关于华夷之辨

汉人生于中土，秉气较纯，故生而为人；夷狄生于边陲，秉气不纯，所以为禽为兽。

"地域黑"不可取。舜是东夷人，周文王是西夷人，这证明夷人有德也可以成为圣君。

③ 关于谁当皇帝

圣王合一，有德者有位，"春秋时皇帝该孔子做，战国时皇帝该孟子做"。

去年（雍正六年）十一月廿六日，庆云出现在曲阜孔庙的大成殿。

孔子之心即天心，现在圣心与孔子之心合一，就是与天心合一，所以祥瑞现于曲阜。

恭喜你，都会抢答了！

④ 关于科举之弊

科举考试和八股文的坏处，比王阳明的心学还要过分！心学只是害道，科举毁尽天下人的廉耻。

这点同意，但目前没有比科举更好的选拔人才的办法了。

⑤ 关于贫富不均

贫富不均应该归罪于本朝的失败。

贫富不均本属天然，难道这是我登基后才有的现象？

为什么不恢复井田制？

大清就我恢复过井田制，四年前，为了解决旗人的土地问题，模仿《孟子》中井田制，在顺天、保定搞试点，结果很多人逃跑了……

⑥ 关于封建与郡县

郡县制使得官不能久居其职，任期太短，即便有心为百姓做事，也很难做成。

封建制只能行之于疆域未开、圣教未备之时，现在决不能搞。两千年来，都是郡县制。

⑦ 关于曾静对雍正的控诉以及继位之谣言

这是雍正最关心和在意的，尤其是关于继位的谣言。经过湖南巡抚彻查，这些谣言是八阿哥党人放出去的。

　　不管怎么样，雍正还是将曾静给辩服了。最后，雍正将曾静与张熙以及吕留良的后代与学生分别进行处理。对犯谋逆罪的曾静和张熙，雍正采取完全宽恕的态度，并让他们到各地去做宣讲。

而对间接相关的吕氏一门，雍正判其戮尸枭首、斩首和发往宁古塔为奴。但吕留良的文集没有被销毁，因为雍正认为要将其作为反面教材，并组织翰林院的学士大加批判。

雍正为什么不杀曾静而重处吕氏？

雍正自己给出的理由是，在他与曾静等人之间的恩怨中，他是被告，可以放曾静一马；但吕留良辱及他的先人，他的先人是被告，他没法替先人宽恕吕氏。

那真实的理由是什么？

如果雍正杀了曾静，会让人感觉雍正恼羞成怒，那么他在《大义觉迷录》中的长篇辩解马上就会失去信用。

最后，雍正将他和曾静辩论的内容编成一本书，叫《大义觉迷录》，颁发全国各府州县，并要求每个学校都要有，全国学生每逢初一、十五都要学习，不学的人从重治罪。

　　《大义觉迷录》一公布，不明真相的群众奉旨吃了一个大瓜，皇帝居然与一乡村秀才大谈宫闱秘事，结果有些事情越传越玄乎，比如九子夺嫡，雍正逼死亲妈……

　　不过，正如雍正朝的名臣田文镜所说，宣读圣谕之事，一开始雷厉风行，可是日子一久，大家便懈怠下来。《大义觉迷录》的遭遇可能也不外乎如此，看的人越来越少，大家只对宫闱秘事感兴趣。

五六年后，雍正遽逝，二十四岁的乾隆继位，他认为"万言万当，不如一默"，于是下令将曾静等人处死，甚至连《大义觉迷录》都禁了！《四库全书》开始编纂后，乾隆又下令将吕留良的全部著作禁毁。

雍正于十三年（1735）驾崩，二十四岁的乾隆继位。乾隆继位后，推翻了雍正的许多处置结果，其中一个便是曾静案。

雍正生前说，曾静案永不翻案，子孙不能因这个案子追究曾静和张熙的罪责。但雍正死后不到三个月，乾隆就把这个案子给推翻了，而且推翻得非常彻底：雍正把曾静等人放了，乾隆把他们抓起来杀了；雍正不禁吕留良的著作，以免后世之人因为好奇而找不到吕留良的书看，乾隆就将吕留良的书全部禁毁；雍正把为吕留良辩冤的人给关起来，乾隆就把这些人给放了；雍正把他和曾静的辩论之语编成《大义觉迷录》，全国学校每逢初一、十五都要学习，乾隆就把他老爹的《大义觉迷录》给禁了，谁看就抓谁……

乾隆为什么要和雍正对着干？原因可能有以下几点：

一是《大义觉迷录》中"记录"了很多谣言。如康熙原想传位于十四阿哥，雍正将"十"字改成"于"字；如雍正他妈看到雍正把亲弟弟十四阿哥抓起来了，气得撞柱而死；如雍正亲口说康熙为人很吝啬；又如雍正亲口说南明永历皇帝被抓后，满汉官兵见了他都很敬仰……

二是雍正宣称"夷狄之名，本朝所不讳"。在雍正看来，因为明朝无德，所以"我外夷"继承天命，统治中夏。《大义觉迷录》

中出现了无数次"虽然我满人是'外夷',但因为我们有德,所以为天命所归"的话。而乾隆后来连宋明文献中的夷狄字样都要删除,自是无法容忍人们每月两次宣读"我外夷"。

三是乾隆对"忠"的观念有了新的看法。从顺治定鼎中原到乾隆即位,已经过了九十多年了,民间基本上已不再有明显的反清势力了。乾隆觉得应着力培养臣民忠于清廷的意识,为此,他加大力度宣传儒家的忠孝观念。他令人编撰《贰臣传》和《钦定胜朝殉节诸臣录》,把明清易代之际帮助清朝得天下的那些明朝降臣如洪承畴、钱谦益等人称为"贰臣",把史可法等为明朝殉节之人褒扬为"完人"。

四是清朝入主中原后,统治者有一个由"质"向"文"的转变过程。雍正的身上"质"的东西多一些,比较耿直;乾隆的身上"文"的东西多一些,比较喜欢饰非。雍正一朝的文字狱不多,而且大多是为了排除异己,而乾隆一朝有记载的文字狱就有百余起,并涉及几乎所有的社会阶层。

巨成

"叫魂"风波：要饭和尚
怎样变身朝廷要犯

有的人馋了，可以叫外卖；有的人饿了，却只能要饭。巨成和尚，就属于后者。乾隆三十三年（1768）二月的一个傍晚，在肚皮的命令下，他不得不和老师兄一起，于浙江萧山县（今浙江杭州市萧山区）的村子里，继续开展单纯又枯燥的要饭工作。

此时的大清，正值盛世，但对巨成而言，这没什么意义：在他过去四十八年的人生里，悲伤是主旋律。

七年前，最后一位亲人辞世后，巨成便遁入空门，过起了经常要饭的生活。这既能缓解精神伤痛，在宗教属性加持下，又提高了要饭成功率。

当时，佛教基层人士，很多都身处贫困阶层，与高僧大德不可同日而语。

　　那天，二人正捧着器皿走街串巷时，遇到了两个小男孩，其中一个大声读出了巨成手中铜钵上的文字。这是个搭讪的机会，晚饭就要有着落了！巨成马上展开语言攻势：

　　*"996"：指早上9点上班，晚上9点下班，每周工作6天的工作制度。

　　**LV：英语单词level的缩写，意为"等级"。

搭讪失败，男孩们无动于衷，两个和尚只好继续上路。但走了没几步，孩子们的父母，乃至村里乡亲，都激动地追了上来。然而他们送来的并不是大米饭，而是一顿打。

这是怎么了？原来，当地传闻一种"叫魂"妖术正在蔓延：精通妖术的歹徒先打探他人姓名，再割取其衣物，或剪断其发辫，以此摄取人的魂魄。

今人看来荒诞的说法，却合乎大清百姓的认知。而倒霉的巨成，又正撞在枪口上：群众眼中，僧人自带神秘属性，他又偏偏问了孩子的姓名，师兄又一口无锡腔——在农村，外地流浪者往往是可疑的。一切都让人怀疑，二僧是叫魂者。

巨成和师兄被捆成粽子后，又惨遭一顿暴揍。村民们虽没能搜出罪证，"主持正义"的热情却丝毫不减，他们开始商量把和尚们烧死还是淹死。万幸，一位淡定的保正挺身而出，平息了众怒，并理性地决定：把二僧交给官府。

在县衙门里，二僧意外地遇到了另两位师弟——在巨成和师兄出发要饭时，他们则前往县关帝庙落脚。更巧的是，师弟们的遭遇，与他二人竟如出一辙：一口外地口音，引发当地人的举报，县衙捕快蔡瑞旋即前来盘查。在师弟们携带的行李中，蔡捕快搜出三把剪刀和一根束发绳，这些物品的主人，正是巨成。

　　村民的"指证"与"物证"两相印证，巨成嫌疑重大，他戴着镣铐，跪在大堂上。县令公开了他的"作案工具"，并质问他剪过多少人的辫子，巨成坚决否认：

三把剪刀是我儿的遗物，他是个皮匠，束发绳是我出家前用的……

　　但是，物证面前，有一个问题让巨成无法解释：行李里，赫然出现了第四把剪刀，以及两段被剪掉的辫子！

这不科学！

那本官就让你知道知道，什么叫科学！

在大清的县衙，没有什么问题是一顿打不能解决的，如果不行，那就两顿。巨成和师兄被上了夹棍，两位师弟也好不到哪儿去。总之，三天后，他们或多或少地招认了"罪行"。

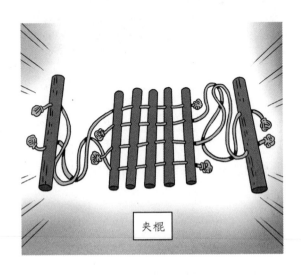

夹棍

僧人们随即被移交给上级官署：绍兴知府衙门。鉴于巨成已经骨折，知府仁慈地决定不再对他使用夹棍，改用木条抽大嘴巴子。又一轮殴打下来，和尚们的口供越发互相矛盾了。

于是，这桩让官员头疼的案件，又被上传到省级单位——浙江巡抚衙门。浙江省按察使曾曰理，接手审理此案。毕竟是大清省级干部，曾曰理智商"在线"，找到了案件切入点，巨成终于得以洗脱嫌疑。

两位师弟的浴血坚持，也为四人争得了机会：早在萧山县衙，他们就坚称，自己曾遭到捕快蔡瑞的勒索。但每次陈情，换来的都是惩罚。现在，终于有人愿意听他们说话了。

经过一天的审讯，蔡瑞招架不住，吐露实情：

押送巨成的两位师弟的过程中，蔡瑞曾把他们带到家里，以释放为诱饵私自索贿，其间还殴打了其中一人。

一贫如洗的和尚们自信无罪，反要向官府揭发他。惊惧之下，蔡瑞倒打一耙，他找出一绺旧头发编成辫子，连同剪刀塞进了巨成的行李中。

真相大白，蔡捕快挨了一顿板子，带枷示众。而四名僧人每人获得了官府三千二百钱的赔偿——大概可以购买两石的米。对受刑最多、被打断腿的巨成而言，这或许不太公平，但总归是个好结局。

但故事还没有结束。想必巨成知道，谣言还将继续流传。但他猜不到是，这些谣言会席卷大半个大清，并引起一位大人物的注意，最终震荡整个官场。

蔡瑞

就在僧人们受审的时候，"叫魂传说"沿着京杭大运河迅速扩散：三月，谣言传入江苏；不久，又传到山东，并进一步北上西进，六月下旬，已传入京城、直隶，后来又传入山西。

谣言所到之处，大清官民众生相各不相同。广大基层群众中，恐慌情绪蔓延，一些"应对措施"也应运而生：在北京，流行起贴纸符防身；在江南，有人传诵"护身咒语"，其主要内容是咒骂和尚和石匠的歌谣；在山东，有人将大蒜、秸秆等混入水中洗头。

最糟糕的是，其他地方也发生了一些类似巨成案的悲剧：在苏州，三名乞丐被控剪辫，入狱后，一人因牢房环境恶劣而病故；在汉阳府（在今湖北），群众抓住一个"妖人"，将其当街打死。

而大清官员们，则反应淡漠。作为知识阶层，他们大多知晓"子不语怪、力、乱、神"，并不相信这种荒诞传闻，自然也就不太当回事。

更何况，这类案件本身就有些棘手：按《大清律例》，妖言惑众者"斩"，而多数死刑判决要上报皇帝。

大清律例：凡造谶纬妖书、妖言及传用惑众者，皆斩。

上奏辖区内有谣传，在皇上面前丢人；而调查口传谣言，又很困难，还有加剧社会恐慌的风险。

因此，对官僚们而言，与其为了一则荒唐的谣言给仕途增添变数，不如大事化小，小事化无：在奏折上塑造一个平安无事的大清。

就这样，谣言传遍大江南北，却没有哪个官员上奏。

　　不过，这次官员们失算了：乾隆帝坐龙椅三十三年，屁股都长茧子了，他早就身经百战，见得多了。通过御用情报系统，包括巨成案在内的江南"叫魂"案件，早就传入了他的耳朵。

闻浙江一带有传
言起建桥座，因
而偷割发辫、衣
襟等物……其言
甚为荒诞……但
此等造作讹言最
易煽惑民听……

乾隆

朕很生气！

　　起初，乾隆爷更多关注的是妖术问题，他担心妖术及大张旗鼓地调查妖术的行为会引起人们的恐慌。然而，随着事件的发展，他开始怀疑有人想要造反。

　　今天，换个发型不是什么大问题，但在大清，则可能是严肃的政治问题。百年前清军入关，一纸"剃发令"，曾激起江南各地人民激烈的抵抗；而如今，这源于江南的妖术与"剪辫子"挂钩，无疑触动了大清皇帝的神经。

　　乾隆三十三年六月十五日，乾隆帝颁布上谕，责令江浙、山东严查"叫魂"。

　　总有一些官员，具有精准揣度领导意图的天赋，嗅觉敏锐的山东巡抚，早将一份已备好的调查报告呈了上去。根据口供，这位巡抚推断：

轰轰烈烈的调查席卷全国，随后直隶、北京，甚至蒙古都上报了剪辫案件。相比之下，案件首发地浙江的官员们则显得迟钝。

早些时候，惨遭痛骂的浙江巡抚，将涉案文件送到了御前，其中包括巨成一案。结果，包括曾按察使，全浙官员遭到警告处分。显然，陛下对判决不满。

圣怒一句顶一万句，巨成和他的伙伴们，以及捕快蔡瑞，马上被打包送往皇帝的度假地点——热河行宫。

其他一些曾被抓捕过的叫魂犯，也都在这里集合，接受一干军机大臣的审理。

不过，这一次，巨成不用再担心惨遭毒打了。因为军机大臣们发现，这桩案子里，滥用刑罚的弊端太明显了。

譬如安徽的衙门曾根据一山东犯人的证词，逮捕了一名会"叫魂"妖术的人。然而两人当庭对质时，却破绽百出。

原来，山东犯人本就是被诬告的。衙役对他用刑，他实在受不了，就瞎编出一个人招供。按照他的"供词"，安徽官府抓了个姓名差不多的。

安徽宿州

　　几番审理下来，军机大臣们发现，所谓"叫魂"犯，绝大多数都是屈打成招，"谋反"更是子虚乌有。

　　在刘统勋劝说下，乾隆帝终于下旨，停止对叫魂案的清剿。当然，谕旨中，圣明的陛下是不会认错的。

乱党一定存在，虽然没有抓到，但各省还是要保持警惕！

难道说，全国的剪辫案，都是官员们乱抓人吗？

倒也不都是。谣言恐慌之下，民间利用剪辫互相恐吓、诬告者，大有人在。有的"叫魂案"甚至最后被查明是通奸案。

大清的官场倒是发生了大变动。两江总督等一批封疆大吏，因在调查"叫魂"一案时玩忽职守，遭到处罚，一批州县官员甚至丢了官。曾日理则幸运地保住了职位。对"用

力过猛"的山东巡抚，乾隆将其贬为山西布政使。

对巨成一行的判决，也随之落定尘埃。军机大臣们维持原判，四名僧人无罪释放，被送回浙江，从此消失在了历史的记载之中。

对于诬告者捕快蔡瑞，军机大臣们觉得，对这种无端生事、诬告良人之徒，原判决过于轻纵，因此判处其绞监候。

蔡瑞

一旦你的姓名被人获知、头发被人剪掉，你就将疾病缠身。不久之后，你的肉体会在痛苦中死去，而灵魂则沦为他人的奴仆，任人操控。在今人看来，这只能是神怪小说里的情节，而我们18世纪的祖先，却对此信以为真，陷入惶恐之中；口耳相传间，恐惧席卷了大江南北。

对那个年代的人们而言，生活中充斥着未知与神秘。不独18世纪的中国如此，即便在当时的西方，工业革命的轰鸣声，也未能荡涤15世纪以来"猎巫运动"的阴霾：在欧洲或北美，凭邻居们的证词，认定一位女性实施"巫术"，并将她处以火刑，不是什么新鲜事。

有人会嘲笑古人的认知水平。但今天的我们，又能好到哪儿去呢？一则"5G信号会传播新冠病毒"的说辞，让英国人民点燃了移动信号塔；东日本大地震后，"碘盐可以预防核辐射"的说法让国内多地的超市中难觅一袋食盐；源于欧美的"疫苗害人论"，不知使多少人失去了预防疾病的机会；对"转基因食品"安全性的不同看法，至今仍是能够引起争论的导火索。谣言面前，人类丑态百出，轻则贻笑大方，重则失去生命。可千百年来，人们又对此无可奈何。

谣言的威力，到底从何而来？一个传播学公式可以解释：流言流通量=问题的重要性×证据的暧昧性（即$R=I·A$），翻译过来，就是谣言的模糊性越强、越关乎人的利益，传播得越广。

"叫魂"正是一个绝佳的例证，其传播范围不仅突破了地域限制，还突破了阶层壁垒。对百姓而言，"妖术"危及人身安全；对皇帝来说，尽管谣言内容荒诞，却可能危及帝国的统治。对同一个谣言的不同的臆想，促使民间和官方采取了不同的举措：用大蒜洗头和进行针对谣言的围剿。而朝廷的行动一旦展开，不仅无法消除公众的恐慌，反而会强化民间的某种确信。

谣言无解之处就在于此。认知水平的差异，社会地位间的隔阂，总会加剧彼此的不信任。因此面对同一事件，人们也就会产生不同的解读。以"5G传播新冠病毒"为例，谣言的始作俑者，是美国医生托马斯·考恩。他声称，无线电波会降低人体免疫力，而5G正是一种无线电波，因此，5G基站附近的人免疫力就会低下，进而更容易受到新冠病毒的侵害。一套让外行人"虽然不明白，但是觉得很厉害"的解释，加之其曾任"美国人智医学医师协会副会长"，也无怪乎会有人上当。而其他医学家站出来辟谣时，究竟相信哪位医生的话，又会成为口水战的新话题。

战胜谣言的唯一途径，就是求知了。可在这个信息膨胀的时代，知识的疆界更接近于无限，不可能有人穷尽所有的真理。在个体认知的盲区，总会有信息的迷雾张网而待，等候着无辜的迷途者踏入陷阱。当不确定的信息，汇聚成舆论的激流时，又总会出现牺牲品：如同可怜的巨成和尚一样，要个饭而已，就遭遇一场横祸。

或许，诚如孔飞力先生在《叫魂》一书所言，"没有什么能够伫立其间，以阻挡这种疯狂"。

李子相

清朝版《隐秘的角落》：
官府如何处理未成年人犯罪

乾隆四十三年（1778）四月二十日，四川盐亭县某村的三个小孩在河边放羊。

其中一个小孩叫李子相，九岁；另一个叫刘縻子，九岁；还有一个叫李润，不知道多大。

| 李子相
九岁 | 刘縻子
九岁 | 李润 |

李子相从
自己家地里拔
了一些葫豆，
让李润用火去
烧烤。

烤好了，我们
两人分着吃。

刘縻子看到
了，就向李润讨
了一颗豆吃。

瓜娃子，先给
我一颗豆撒。

吃完了，刘麇子又向李子相讨。李子相不给，还骂刘麇子。刘麇子便回骂。李子相就用手推刘麇子，刘麇子就朝李子相左肋打了一拳。

李子相倒地，右边的腰刚好撞到一块石头上，人就这么死了。

李子相的家人很快就报官，盐亭县知县过堂问案。案情很清楚，也很简单：刘縻子失手杀死李子相。

史料没有记载当时盐亭县知县是如何给刘縻子定罪的，但我们可以对照《大清律例·名例律》中的"老小废疾收赎"条文，其中关于青少年犯罪的条文具体如下：

凡年……十五以下……犯流罪以下收赎。（其犯死罪及犯谋反、叛逆，缘坐应流，若造畜蛊毒、采生折割人、杀一家三人，家口会赦犹流者，不用此律。其余侵损于人，一应罪名，并听收赎。犯该充军者，亦照流罪收赎。）……十岁以下……犯杀人（谋故斗杀）应死（一应斩绞）者，议拟奏闻（犯反逆者不用此律），取自上裁；盗及伤人（罪不至死）者，亦收赎（谓既侵损于人，故不许全免，亦令其收赎），余皆勿论。（谓除"杀人应死者，上请""盗及伤人者，收赎"之外，其余有犯，皆不坐罪。）……七岁以下虽有死罪不加刑……其有人教令，坐其教令者；若有赃应偿，受赃者偿之。（谓……七岁以下之人皆少智力，若有教令之者，罪坐教令之人。或盗财物旁人受而将用，受用者偿之；若老小自用，还着老小之人追征。）

对照上文可知，九岁的刘縻子斗杀了九岁的李子相，依法应处绞监候，然后需要报给乾隆皇帝裁决哦。

没有这么简单，因为清朝除了成文法外，还有些判例法，也就是说之前皇帝判定的案子也可以成为援引的依据。

这就涉及雍正年间的一起青少年犯罪了。雍正十年（1732）五月，江西巡抚谢旻具题了一则案件。

这土疙瘩也能砸死人?!

江西巡抚 谢旻

丁乞三仔案

江西省某县某村，有一个叫丁乞三仔的十四岁少年。某一天，他与族兄丁狗仔（可能在十八岁以上）一起挑土。

丁狗仔

丁乞三仔

丁狗仔欺负丁乞三仔年幼，让他挑运重筐，又拿土块掷打他。丁乞三仔拾起土块回掷，不料击中丁狗仔的小腹致其殒命。

我们对照上文可知，丁乞三仔十四岁，依照《大清律例》来看，为完全刑事责任年龄，不得减免刑罚，丁乞三仔便被当地的知县依律判处绞监候。

知县初审结案之后，按照清朝的司法流程，应该将案件报给知府审转，知府二审后，转江西按察使三审，再报江西巡抚审核，并由巡抚具题，然后刑部复核。

清朝的死刑复核，无非就是刑部会同大理寺等部门复查案卷，时间在每年农历八月。复查的时间有限，而在有限的时间要复查全国所有的案卷，可想而知工作会多么粗糙了。念一下案情和判决结果，大家没有异议就通过。

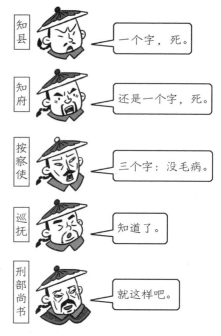

知县：一个字，死。

知府：还是一个字，死。

按察使：三个字：没毛病。

巡抚：知道了。

刑部尚书：就这样吧。

差不多就行了，死刑名单报给陛下吧。

明清时期，死刑都需要皇帝"亲笔勾决"，一般来说，皇帝看到名单后，按心情勾决排名靠前的犯人，通常十个里面勾决三四个，赶上心情不好的时候勾决七八个。

如果碰到天启这种荒政的皇帝估计就悬了，谁知道丁乞三仔碰上了雍正这个工作狂。雍正把案卷看了又看，觉得丁乞三仔这个死刑不能勾。

雍正认为，丁狗仔"先撩者贱"，丁乞三仔不过是出手反抗，结果误杀了丁狗仔。丁乞三仔完全情有可原，应该从宽免死，减等发落，然后给死者赔点丧葬费就行了。

雍正这个判例后来成了针对十一岁到十五岁犯死罪的未成年人所做处罚的补充规定。要适用减轻刑罚规定需同时具备两个条件：

当然，这种案犯最终是否减轻刑罚，必须奏请皇帝裁决。

　　乾隆四十三年刘縻子斗杀李子相案，经过盐亭县知县一审，潼川府知府二审后，到了四川总督文绶那里，结果就是"将刘縻子依律拟绞监候，并声明刘縻子年仅九岁"。

四川总督 文绶

总督文绶把案子报给刑部后，刑部认为此案事实清楚，刘縻子与李子相争起于一时，并非故意杀人。

按照刑部以往的惯例，刘縻子殴死李子相一案的最终处理结果，很可能和丁乞三仔案差不多：刘縻子的家长依照法律规定，赔付李子相的家长烧埋银二十两，刘縻子"减等发落"。

啥叫减等发落呢？根据《大清律例》的相关规定，死刑减一等是为流刑，减二等是为徒刑，而十五岁以下的未成年人犯罪，流刑及以下刑罚均收赎。也就是说，刘麇子的家长给政府交点钱，刘麇子连流放都免了。

事实上，刑部也是将这样的判定结果报给乾隆了。乾隆仔细看了案卷后，先表扬了一下四川总督和刑部依法办案，但却明确否决了刑部对刘縻子减刑的建议。

死者李子相与案犯刘縻子年岁相当，刘縻子不但先撩而且还逞凶，能就这么放了他吗?!

乾
隆

苍天有眼啊!

乾隆认为，如果刘縻子不坐牢，这对李子相和他的家人很不公平!

乾隆不同意减等收赎，意味着刘麛子要经秋审后进入"缓决"。

清朝时期，进入秋审阶段的未成年人案犯，除非那种杀别人全家的少年犯，最终结果还是"减等收赎"；如果皇帝还不减，则又进入下次"缓决"。通常"缓决"两次即可减等收赎。

不过，关三五年后，刘麇子大概率会被改判流放，而十五岁以下的犯人被判流放，家里人可以通过交一定数额的钱使犯人免于服刑。

吃点苦头也好。

等到十三四岁，刘麇子就可以恢复自由身了。而小小年纪就有了几年牢狱生涯的刘麇子，想必再也不会这么嚣张了吧。

乾隆对刘縻子不予减轻刑罚，其目的是通过创制新的判例向百姓公开表达这一法律原则——"赦幼"要有限度，应该兼顾"惩恶"。

对于未成年犯罪，如果是凶手先撩，就不能一味包庇凶手，否则何以安抚受害者的在天之灵。

子相，你可以瞑目了。

对老幼的怜悯，可以说是人类的一种自然天性，同时这又是古代士大夫所推崇的"王者之政"的表现之一。所以，"敬老爱幼"既是中华民族的传统美德，也是中国传统法律文化中的重要内容。在"明德慎罚"思想指导下形成的"赦幼"原则，一直贯穿在中国传统法律中。

从《礼记》到《大清律例》，"幼"即未成年人，大多是与"耄"即老人，还有废疾者同时出现的。由于幼与老及废疾者这些人在社会生活中处于弱势地位，因此，法律应对他们给予特殊的优待与照顾。"赦幼"的本质是"矜弱"，也是"皇恩浩荡"之体现。正如《大清律辑注》在解释"老小废疾收赎"条的宗旨时所言："此条义重敬老慈幼，矜不成人，乃法中之恩也。"但是，敬老爱幼并非没有限度。

在"刘縻子殴伤李子相身死"一案中，乾隆对刘縻子不予减轻刑罚，其主要目的是想通过创制新例（立法）以及对该例的适用（执法），向臣民公开表达这一法律原则："赦幼"是有限度的。

根据乾隆针对刘縻子案所下的谕旨可以总结出，这种限度所指主要包含以下三层含义。

其一，"赦幼"应该兼顾"惩恶"。在中国传统社会中，杀人偿命是一条基本的法律原则，但考虑到未成年人的身心发育尚未成熟，因而只对主观恶性较大的少年杀人犯采取刑事制裁，例如谋杀、故杀和斗杀，而对误杀、戏杀、过失杀以及其他情节较轻的犯罪予以赦免。

在刘麐子一案中，乾隆之所以驳回奏请，主要也是认为刘麐子"九龄幼童即能殴毙人命"，案犯主观恶性较大。古代中国社会是一个小农经济社会，人口的流动性很低，一个人从小受家庭影响而养成的性格往往是伴随终身的，形成的观念是牢不可破的，"三岁看大，七岁看老"这一古老的俗语是有一定的客观依据的。"赦幼"的本质是"矜弱"，凶手刘麐子确实是"幼"，但受害者李子相也是"幼"，在双方同龄的情况下，就要看谁是"弱"，谁"作恶"了。如果不对刘麐子进行一定的惩治，那就违背了保护未成年（矜弱）的原则并"放任"恶。

其二，"赦幼"的同时要兼顾被害人及其家人的情感与利益。死者李子相与凶手刘麐子同为九岁幼孩，如果对刘麐子予以减等收赎，那么刘麐子家除了要付一小笔罚金，再不用接受任何处罚，这对死者李子相及其家人来说显然是不公平的。

通过刑罚惩治刘麐子来抚慰李子相及其家人，并预防李子相的家人进行同态复仇乃至报复社会，这可能也是乾隆考虑的内容之一。尽管刘麐子经过秋审入于缓决，缓决两次可奏请减等收赎，但至少让刘麐子吃了几年牢饭，受到了教训，总比直接放了好。

其三，"赦幼"应该考虑未成年人身体与心理发育的客观情况。九岁的孩子对基本的是非曲直，以及可能致人死亡的侵害行为应该有了一定的辨识能力。

概而言之，乾隆在处理刘麐子案的过程中，用专制的手段创制新的判例，并让它成为清代司法的一部分，从而令"赦幼"原则兼顾了"惩恶"的功能。

由于各种原因，犯罪低龄化已成为我国未成年人犯罪的突出特点。《中华人民共和国刑法》规定，未满十二周岁的未成年人犯罪，无须承担刑事责任。其背后的法理或许源自康德的"意志自由"。"意志自由"是康德证成人类"至善"的理想而提出的三大公设之一，康德主张一个人有运用理性辨别是非善恶，并以此决定如何行为的能力。因为人的意志是自由的，所以违法行为就是其自主选择的结果，当然这也要承担选择的代价——接受法律的制裁。但在这种"理性人"假设中，儿童却和精神病人一并被排除在外。既然儿童没有辨认和控制能力，即使实施了违法行为，也不能对其进行道义上的非难。所以，未满12周岁的未成年人犯罪，也就不用承担刑事责任。

与西方古典哲学大师康德所理解的不同，在中国古人的观念史中，没有存在过一个外在的、绝对的主宰，因此，人凭借自己的思想行事，也为自己的行为担责，这被视作再正常不过的事情。一个人能够不诉诸外在而自我证成人生的圆满，是因为他生而具备"四端"——"恻隐之心，仁之端也；羞恶之心，义之端也；辞让之心，礼之端也；是非之心，智之端也"（《孟子·公孙丑上》）。所以，清律并不认为七岁以上未成年人没有辨认和控制能力。

到了近代，西方刑事责任年龄的理念与制度逐渐为中国学者所接受。民国法学家赵琛在其20世纪30年代出版的《少年犯罪之刑事政策》一书中写道："少年心理，本极单纯，故其犯罪之动机，大抵出于冲动，而不暇深思熟虑，己有所欲，必思夺取，己所愤恨，必思报复，此与成年人之富有理性者，颇异其趣。"这种少年感性与成人理性的二元对立的说法，显然将少年排除在"理性人"之外。

然而，"少年是非理性人"这种假说日益受到挑战。首先，一些未满十四周岁的未成年人很可能非常清楚自己实施违法行为的后果，但却积极追求这种后果的发生；其次，随着生活水平的提高和互联网的发展，未成年和成年的分界线已经变得模糊。

中国的犯罪低龄化成为全社会有目共睹的事实，由此部分学者和民间人士以当下未成年人心理成熟期提前为由，呼吁降低刑事责任年龄。从立法上保护未成年人，是社会和法治文明进步的表现，但宽容不是宽纵。如何处理未成年人犯罪，是当下无法避开的社会议题之一，而中国传统的"赦幼矜弱"原则及其背后的法理渊源，或许有可资借鉴的地方。

王树汶

小小县城关系网，竟能制造出

惊天冤案

说一个晚清小人物的故事。这个故事散落在《申报》《清德宗实录》和当时的文人笔记中。

晚清光绪年间，河南省南阳府邓州（今河南邓州市）东乡大汪营，有一个少年叫王树汶，虚岁十五。

光绪五年（1879）十月二十五日这天，这小子因为偷家里的零用钱，被他爹王季福吊起来打。

一气之下，王树汶离家出走。

在外面晃悠了一天后，王树汶饿了，便来到了一个小餐馆。

吃饭的时候，他认识了两个混混儿。

小二，那位小兄弟的饭钱算我的。

好嘞！

小弟姓王名树汶，敢问两位哥哥尊姓大名？

胡广得，江湖人称"大胡子"。

猪娃。

王树汶

胡广得

范猪娃

唉，一言难尽啊……

小老弟这是遇到啥困难了吧？

有啥不开心的，说出来让我们开心一下。

我就拿了点钱，我爹就不要我了。

马瘦毛长蹄子肥，儿子偷爹不算贼。

可不是嘛！

于是，胡广得就让王树汶跟着他混，还许诺一定不让他受冻挨饿，王树汶就答应了。

谢谢大哥，赴汤蹈火，在所不辞。

以后哥带你有福同享，大碗喝酒，大块吃肉。

带你装，带你飞。

王河庙先期已经聚集了五六十人，又陆续来了多人，加起来有百人左右。这些人王树汶基本不认识。

其实，附近的村民也不认识这些人。

这百来号人以两人为首。其中一个便是胡广得，另一个王树汶并不认识，听他自己说，叫胡体浚。

胡广得同王树汶讲，他们要去打劫镇平县张楼村的富户张肯堂，并让王树汶也一同前往。

二更之后，胡广得带着一队喽啰，来到一片不知地名的旷野（实际上是营北村）。胡广得等人将衣服脱下，让王树汶看守，实际上是想让他望风接应。

不久，胡广得抢劫回来，同众人到一个地窖旁边分赃，但没有分给王树汶财物。

而当胡广得等"贼匪"在王河庙聚集的时候，那里的寨长已经收到了消息。寨长生怕滋生事端，便悄悄派地保到县里去禀报此事。

镇平知县马翥接到消息之后，立即派遣家丁赵钰、刘升带领差役，并会同营兵前往缉拿。

于是，差役和营兵便在庙旁蹲守。

天亮时分，在茫茫大雾中，差役和兵丁看到三个人影在慌张奔跑。其中，胡广得和范猪娃身背包袱，后面跟着一个身背褡裢的小孩，此人便是王树汶。

这时，兵役实施抓捕，胡广得和范猪娃因拒捕，均被打伤。

差役们押解胡广得等人回到县衙，并把他们交给总捕头刘学汰管押，等候知县升堂问案。

前面我们讲到，二头领胡体浍带着另一队喽啰去了杨庄。搞笑的是，胡体浍也被活捉了，被总捕头他哥——刘全汰活捉了。

由于胡体浍打劫的赃物甚多，老兵油子刘全汰就起了将赃物据为己有的念头。

如果放了他，日后恐会引起麻烦；如果不放了他，赃物就无法吞没。两难之下，刘全汰就派心腹去县衙，请求弟弟——总捕头刘学汰想想办法。

总捕头刘学汰觉得，王树汶年幼可欺。

一切安排妥当之后，刘全汰押着胡体浇，来到南阳市宛城区袁营村村北的偏僻处，把他放了。

稍后，差役又拿获了两个抢劫张楼村的喽啰。至此，百来号劫匪中，除了被放走的胡体浇外，还有七个被捕获。

　　其中胡广得和范猪娃被打伤了，王树汶被教唆称自己是匪首胡体浍，那两个新抓的喽啰会怎么说，这是个问题。所以，总捕头刘学汰这个"偷梁换柱"之计还有漏洞。

于是，总捕头带着哥哥刘全汰，在班房内指使两个喽啰，让他们在南阳府（镇平县属于南阳府）复审的时候，供称：王树汶即是胡体浤。

不过事后看来，身为地头蛇的刘氏二兄弟似乎多此一举了，因为知县正式升堂之前，胡广得、范猪娃和其中两个小喽啰已经"监毙"，也就是莫名其妙死在班房中。

至此，"王树汶=胡体浚"的偷梁换柱之计，就这么设好了。

当然，这并不意味着刘氏兄弟的计谋万无一失，因为镇平知县马翥还要过堂。清代知县是异地为官，知县马翥是外来的士子，到任还不到一个月，对镇平县的情况还不熟悉。

从抓捕抢劫团伙时，马翥让自己的亲信家丁带队的情况来看，他显然是对总捕头刘学汰并不完全信任，这至少表明马翥是一个谨慎的人。

但强龙难压地头蛇，刘氏兄弟在镇平县经营这么多年，县里上下，他们都有关系，总捕头刘学汰和马翥的师爷就很熟，于是两人串通好了蒙骗马翥。

看来新来的马大人并不信任我啊！

刘学汰

这个案子，还请师爷多多关照。

好说，好说。铁打的捕头，流水的堂尊（县太爷）。

师爷

而且，马翥刚上任不到一个月，就遇到了这么一个团伙抢劫大案，致使他对盗匪"忿恨已极"。在这种心态的支配下，他不免产生了"操切从事"的态度，急于敲定抢劫正犯。

王树汶的改供，实际上是总捕头刘学汰的教供所致，然而马
翥当时并不知情，反而怀疑这是王树汶的狡辩抵赖，于是他饬令
值堂衙役用火香烧戳王树汶的脊背。

　　王树汶忍受不住，又说自己姓胡。

　　之后，马翥再也没有过堂审问。就这样，王树汶被定为抢劫
案中的另一正犯胡体淦，判斩立决，具详上司。

案卷上报中……

在镇平县初审结案之后，南阳知府任恺、署理按察使麟椿，均据镇平县详文审转。巡抚涂宗瀛照拟具题。

刑部官员检查供情后，没有发现异常，同样照议核覆。

虽然王树汶案按规定经过了层层审转，但各级承审官员都没发现其中的破绽。会有此一结果，原因不外乎以下两点——

第一，在"府臬过堂"时，也就是南阳知府和署理按察使复审时，王树汶仍坚守自己是胡体浲。

我就是胡……胡体浲。

王树汶

……

贼匪丙

贼匪丁

那两个还活着的小喽啰也没有翻供，指出王树汶并非胡体浲。

第二，在通常情况下，刑部官员审核案件，除了要审查法律问题，也要考究事实问题。不过，他们仅仅是审核书面材料，并不提审罪犯和证人。

因此，面对这种精心编造的审转文书，刑部官员较难发现其中隐藏的冤抑，于是核准了斩立决。

看起来清清楚楚，明明白白，没问题。

东西都送给大人，能换条活命吗？

纵观此案，因为兵役的贪婪，导致了吞没赃物和私纵盗犯之事；

你只要说你是胡体浚，我保你无事。

中。

衙役的奸诈，导致了王树汶被教供妄认和主动顶名冒姓之事；

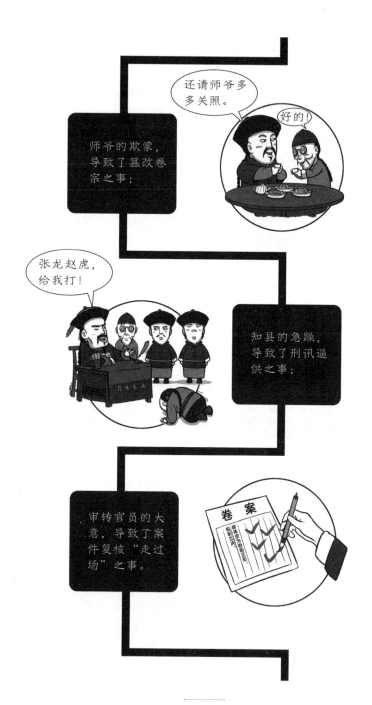

所有这些因素共同作用，最终导致了王树汶案初审的覆盆之冤。

一年半后……

光绪七年（1881）七月初八日上午，王树汶被押往法场，等候午时三刻问斩。

唉……人间不值得。

押赴刑场，出发！出发！出发！

据野史记载，路过城隍庙的时候，拉囚车的两匹骡子突然发狂，冲进城隍庙不动。

　　清代有一个不成文的规矩，负责行刑的官员处决犯人后，都要进行一套驱除邪魔鬼祟的活动，其中最重要的一项就是去城隍庙敬香。

　　现在犯人还没有斩，囚车居然被拉进了城隍庙，而且王树汶也趁机喊冤。

在古代，喊冤的方式有三种：

临刑喊冤是指囚犯要被执行死刑了，突然大喊冤枉。大多数情况下，官员都不会多加理会，即便确实有人能重新翻案，可那种例子实在罕见。

王树汶很幸运！当时的监斩官陆惺以为案情有异，奏请复查。

此事必有蹊跷！

监斩官 陆惺

三天后，河南巡抚涂宗瀛接到了南阳按察使的禀报，说有犯人"临刑喊冤"。

来人啊，让南阳按察使先将大盗胡体安候监。

河南巡抚 涂宗瀛

回避

回避

河南巡抚下令停刑，派人覆讯该案。在覆讯过程中，王树汶自陈父亲名叫王季福，在邓州务农。于是，巡抚指令邓州知州朱光第拘传王季福到案。

只要王季福一到案，这个案子就翻定了，可惜事情又出现了波折。

在这个节骨眼儿上，原河南巡抚涂宗瀛升调两湖总督，前河道总督李鹤年继任新河南巡抚。

原河南巡抚被调走后，新河南巡抚接手了这个案子。

　　前面说过，南阳知府任恺是此案的二审官员，此时他也升官了，升了道员。而且，他与新巡抚李鹤年的关系很铁！

为了掩饰错案，任恺修书给邓州知州朱光第，让朱别拘传农民王季福。

虽说官大一级压死人，但朱光第不为所动，继续拘传农民王季福。

不仅如此，朱光第还把此事爆料给媒体，晚清的《申报》持续跟进，各种挖猛料。

言归正传，王季福到案后，在河南巡抚衙门的大堂接受讯问，证实了其与王树汶是父子。

王树汶并非胡体洝，此时已是众人皆知，无可掩饰。

然而，新巡抚李鹤年有意袒护自己的老铁，即二审官员前南阳知府任恺，便指使办案人员将王树汶定性为强盗从犯。

按大清律，强盗不分首从，只要是得了财物，皆斩。这样一来，原一审、二审的各级官员都可以免于承担责任。

*迟志强的歌曲《愁啊愁》中的歌词。

李鹤年是奉天义州（今辽宁锦州市义县）人，他如此办案，在河南草菅人命，自然会引发京中河南籍的御史等官员的不满。这些官员听闻后，纷纷上章揭发、弹劾李鹤年。

此案清清楚楚，明明白白。求朝廷复查，以正视听！

光绪八年（1882）正月，李鹤年将案件审理的"大概情形"上奏朝廷，同时请求朝廷派钦差复审，核实案情。

下有媒体跟进，舆情汹涌，中有御史上书，大鸣不平，光绪皇帝便恩准了河南巡抚的请求，谕令河道总督梅启照为钦差大臣，重新审查王树汶一案。

想捂盖子，这是挖我大清的墙脚，一定要查个底朝天。

微臣领旨。

光绪

梅启照

梅启照为一代名臣，他认为王树汶确实是从犯，不能为了迁就舆情和"圣意"，就改变他对案情事实的判断。是以经过一番"覆讯"，钦差梅启照"以树汶为从盗，当立斩"。

消息传出，舆论为之大哗。

光绪为使众人信服，指令刑部提审该案。

时任刑部尚书潘祖荫高度重视，指派其得力干将——刑部郎官兼秋审处总办赵舒翘主审此案。

赵舒翘不负众望，经过数月的调查取证和反复研究，终于将冤案的黑幕层层揭开，并代表刑部拟出要向皇帝提交的奏稿。

镇平县刘全汰吞没赃物，

放走盗首胡体浍，

捕头刘学汰诱使王树汶冒名顶替胡体浍。

镇平知县马翥破案心切，造成冤案。

二审原南阳知府任恺玩忽渎职，

现河南巡抚李鹤年妄图捂盖子，

阻扰冤案平反。

这就是整个事情的原委！

值得一说的
是，在赵舒翘复查
的过程中，李鹤年
曾派人入京，向刑
部尚书潘祖荫反复
说情。

潘祖荫

潘祖荫几为之动摇，
要将赵舒翘的奏稿毁去。
赵舒翘坚决不让步。

后来，刑部采纳了赵舒翘的意见，并以此上奏朝廷。

最终，光绪皇帝下旨，王树汶改判杖一百，徒三年，知县马翥革职发往军台，知府任恺、巡抚李鹤年、钦差梅启照及其他承审该案的官员，皆分别情况加以降革。王树汶的冤情，至此终得昭雪。

编后语

或许是因为近代报纸媒体的兴起，对社会事件报道增多，给人留下了晚清冤狱特别多的印象。民间津津乐道的晚清"四大奇案"中，流传最广、影响最大的当数"杨乃武与小白菜案"。

已被改写成小说、戏曲的"杨乃武与小白菜案"，时至今日依然广受瞩目。其实，从冤狱平反过程的艰难曲折的程度来看，漫画中的王树汶案毫不逊色。杨乃武案之所以吸引眼球，一是因为新科举人杨乃武居然与豆腐坊伙计的娘子小白菜存在令人遐想的私情，最终导致小白菜"谋杀亲夫"，兼具情色与暴力；二是杨乃武的姐姐杨氏上京告御状的行为，引发后世人们的共情。

相较而言，王树汶案中并没有杨乃武与小白菜案中这些吸睛的情节。唯一可以说的，就是"临刑呼冤"这一举动，超乎常规地启动了平反冤狱的司法程序。

那么，王树汶案中值得我们掩卷深思的地方在哪里？

在大众的想象中，一个震动最高领导人的冤案，背后的主使者一定是个"大人物"。唯有大人物，才有能力制造冤案。但现实中很多情况下却并非如此，比如王树汶案的罪魁祸首——镇平县的刘全汰、刘学汰两兄弟，他们的力量仅限于镇平县这个地方。为什么两个基层的兵役因贪墨赃物而制造的一起冤狱，会把这么多官员甚至是封疆大吏、钦差大臣都拖下水？

刘氏二兄弟设计的"偷梁换柱"之计看似完美，但依旧存在被揭破的可能性。它之所以未能被及时揭穿，是因为存在着很多的"巧合"。

镇平知县马骧并不能说是一个糊涂的人。从马骧抓捕抢劫团伙时，让自己的亲信家丁带队的情况来看，显然他对总捕头刘学汰并不完全信任，这至少表明马骧是一个谨慎的人。但强龙难压地头蛇，刘氏兄弟在镇平县经营这么多年，县里上下都有他们的关系，同案犯胡广得、范猪娃莫名其妙地死在狱中，就是这种县城关系网的体现。

而且知县马骧到任还没有一个月，对地方情态很不熟悉。在他看来，团伙抢劫这个大案无疑是给自己的一个下马威。在这种心态支配下的马骧，不免"操切从事"，想急于破案，让自己在镇平站稳脚跟，威服人心。也正是这种心态，让他未能秉遵"虚衷听审"的原则，从而无意中成为刘氏二兄弟的帮凶。这是一个"巧合"。

南阳知府任恺也不能说是一个无能的人。王树汶不过是一个实际年龄十五岁左右的小孩，在县衙过堂时被打怕了，因此，在南阳府衙过堂时，他"仍照前供"。在这种情况下，其他官员是很难发现案件存在的冤抑的。这又是一个"巧合"。

至于刑部复核，在通常情况下，刑部官员复审案件除了审查法律问题，也要考究事实问题。不过，他们仅仅是"书面审"，并不提审罪犯和证人。因此，面对这种精心制作的审转文书，刑部官员较难发现其中隐藏的黑幕。这还是一个"巧合"。

概而言之，兵役的贪婪，导致了贪墨赃物和私纵盗犯之事；衙役的奸诈，导致了顶名冒姓之事；知县的急躁，导致了刑讯逼供之事；审转官员的各种"巧合"，导致了审转程序的"走过场"。所有这些因素汇聚起来，最终造成了王树汶案初审的覆盆之冤。其中，存心制造冤狱的人只是刘氏二兄弟两个差役（吏），地方官僚（官）多是无心之失。

即便如此，冤案一旦形成，想翻案就没有那么容易了。诚如当时的刑部所说："原审以荒谬始，以捏饰终，覆审以弥缝始，以周内终。"言外之意是在翻案的过程中，存在着"揭盖子"与"捂盖子"的斗争。在此期间，以新河南巡抚李鹤年为主，原南阳知府任恺为辅，河南地方官员结成了一个捂盖子的团体（当然内部也有心存良知的官员，如邓州知州朱光第）；以刑部官员为核心，则结成了一个揭盖子的群体。

在这场揭盖子与捂盖子的斗争中，光绪皇帝做出多道批示后，才解决了问题。王树汶案的平反昭雪昭示了正义的胜利，也昭示了河南地方官员群体在这场权力斗争中的失败，但晚清地方的社会治理与司法实践，却很难说因此而得到了改善。